Zentrum für medizinische Bildung Bern, Bildungsgang Aktivierung HF (Hrsg.)
Konzepte und Methoden in der Aktivierungstherapie

Zentrum für medizinische Bildung Bern,
Bildungsgang Aktivierung HF (Hrsg.)

Konzepte und Methoden
in der Aktivierungstherapie

der bildungsverlag
www.hep-verlag.ch

Zentrum für medizinische Bildung Bern,
Bildungsgang Aktivierung HF (Hrsg.)
Konzepte und Methoden in der Aktivierungstherapie
Aktivierungstherapie Band 2
ISBN 978-3-03905-868-6

Redaktion: Yolanda Kopp Viglino
Umschlagfoto: Ursula Markus

Bibliografische Information der Deutschen Nationalbibliothek:
Die Deutsche Nationalbibliothek verzeichnet diese Publikation
in der Deutschen Nationalbibliografie; detaillierte bibliografische
Daten sind im Internet über http://dnb.dnb.de abrufbar.

1. Auflage 2012
Alle Rechte vorbehalten
© 2012 hep verlag ag, Bern

hep verlag ag
Gutenbergstrasse 31
CH-3011 Bern

www.hep-verlag.ch

Inhaltsverzeichnis

Judith Giovannelli-Blocher
Editorial 7

Christine Hefti Kraus
Einleitung 11

Markus Haldner, Barbara Krebs-Weyrich
Lösungsorientierung in der Aktivierungstherapie 17

Verena Tschudin
Integrative Validation in der Aktivierungstherapie 45

Rosemarie Mathys, Jan Straub
Basale Stimulation® in der Aktivierungstherapie 61

Editorial

Wieder eine neue Spezialisierung im Pflegebereich? Was sollen immer neue arbeitsteilige Vorgehen und die Prägung exklusiver Fachbegriffe? Sind die Erkenntnisse in der vorliegenden Publikation grosso modo nicht bereits bekannt, vor allem: Streben die Ziele der Aktivierungstherapie nicht alle im Gesundheitswesen Tätigen an, gehört es nicht zur innersten Motivation ihrer Arbeit, dem Patienten bzw. der Patientin grösstmögliche Autonomie und Entfaltungsmöglichkeit zu bieten, seine oder ihre biografischen Daten zu erkennen und sie in der Therapie zu berücksichtigen?

Sicher, aber manchmal wissen wir nicht, wie wir zum Schlüssel des verborgenen emotionalen Kerns, des lebendigen Kerns der emotionalen Persönlichkeit eines dementen Patienten oder einer dementen Patientin gelangen können. Und wie wir selbst emotional präsent sein können in der Begegnung mit ihm oder ihr. Im Stress sparen wir zuallererst die empathische Aufmerksamkeit für andere, das ist wissenschaftlich erwiesen. Man mache mir nichts vor: Das ist auch im Pflegebereich nicht anders, trotz wunderbaren ethischen Leitbildern.

Im Zeitalter, wo Menschen mehr und mehr elektronisch miteinander verkehren, wo sie Austauschmittel nicht verbaler Art wie Stimme, Blick der Augen, Händedruck, körperliche Haltung usw. aus unseren Verständigungsritualen streichen und dafür viele Missverständnisse in Kauf nehmen, lernen wir diese Signale neu kennen und einsetzen im Umgang mit Menschen, die mental beeinträchtigt sind. Ich glaube, das tut nicht nur diesen, sondern auch ihren Helferinnen und Helfern gut.

Grundlage der Aktivierungstherapie ist die Haltung, bei den Patientinnen und Patienten nicht von ihren Mängeln, sondern ihren Ressourcen auszugehen. Das ist zwar auch nichts Neues, aber noch ziemlich entfernt vom Alltag der Pflege. «In den Schuhen des andern gehen», Inhalt der Validationsmethode, ist zugleich etwas vom Schwierigsten wie Wirkungsvollsten im Umgang mit Hilfsbedürftigen.

Dieses Heft vermittelt ein fundiertes theoretisches «Geländer», etwa durch Stellen der richtigen Fragen, um hilfsbedürftigen Menschen einen Schlüssel zum Sichöffnen zu geben. Das Geländer verinnerlicht man dann, lässt es los in der konkreten Begegnung; dann zählt innere Präsenz alles.

Noch das kleinste Puzzleteilchen, das ein von Demenz betroffener Mensch aus dem Sodbrunnen seiner verloren scheinenden Erinnerung heraufholt, kann Glücksgefühle auslösen; und in der Sonne dieses Wiederfindens gesellen sich dann oft weitere Teilchen des einstigen Lebenspanoramas hinzu. Die Beispiele aus der Praxis der Aktivierungstherapie, die in die Texte dieser sorgfältig erarbeiteten Broschüre aufgenommen worden sind, wirken auf mich sehr glaubwürdig.

Andererseits möchte ich warnen vor einem allzu «lösungsorientierten» Vorgehen. Mein eigenes fortschreitendes Alter lehrt mich täglich, dass sich nicht alles wegtrainieren und wegtherapieren lässt. Da schleicht sich dann oft wieder unser altes Defizitdenken ein, wir sehen lauter Probleme, die scheinbar zu beheben sind. Die zunehmenden Erfahrungen des hohen Alters bestehen aber darin, dass man viele Einschränkungen nicht mehr beheben kann, sondern mit ihnen leben lernen muss. Gerade in diesem Punkt von andern verstanden zu werden und nicht sogleich mit Rezepten und Massnahmen eingedeckt zu werden, ist tief wohltuend. Es ist mir dann, es trage jemand ein Stück weit mit an dem, was zu tragen mir aufgegeben ist.

Vor einigen Tagen war ich bei einer 92-Jährigen, um sie zu einer Kaffeerunde, die wir jeweils in ihrer Altersresidenz veranstalten, abzuholen. Die körperlich und geistig noch bemerkenswert Rüstige sagte aber zu meinem Erstaunen: «I mag nid.» Sie hatte soeben von einer Arbeitskollegin die Nachricht bekommen, dass diese «ihren Sohn begraben» müsse. Nun wollte sie nicht in eine Gesprächsrunde und ich kenne sie gut genug, um an diesem autonomen Entschluss nicht zu rütteln. Auf dem Heimweg dachte ich über ihr Leben nach und mir fiel ein, dass meine Bekannte vor einigen Jahren ihren Schwiegersohn verloren hatte. Er war Arzt und betreute die Betagte nicht nur medizinisch, sondern auch menschlich; sein Tod war ein unermesslicher Verlust für sie. Ich rief sie an und erwähnte meine Erinnerung. «Ja», antwortete sie, und ich spürte durchs Telefon, wie wohltuend es für sie war, dass ich das aus ihrem Leben in Erinnerung hatte, auch wenn sie nicht näher darauf eingehen wollte. Es war ein einvernehmliches Schweigen, das darauf zwischen uns entstand. Dann fragte die Greisin: «Hesch au Freud am Früelig?» Und schon waren wir bei ihren Ressourcen! Ich: «Ja, gestern sind wir dort vorbeispaziert, wo du früher gewohnt hast: Alles voller Veilchen, es ist ein richtiges Veilchenjahr!» Und jetzt löste sich ein altes Gedicht aus dem reichen Erinnerungsschatz der Greisin. Wort um Wort zusammensuchend, zitierte sie: «Veilchen träumen schon, Frühling, ja, du bist's», jetzt stockte sie und ich: «Dich hab ich vernommen!» «Genau», bestätigte sie und ich «sah» durchs Telefon, wie sie strahlte. Wir drückten uns durchs Telefon die Hände, ganz fest. Der Anruf begleitete mich hoffnungsvoll durch den ganzen Tag.

Die emotionale Präsenz, die Einfühlung, ist das Wichtigste. Das hat man nicht automatisch, das muss man stets neu suchen und verorten. Emotionale Präsenz ist Energie (und gibt Energie!). Das theoretische Rüstzeug dazu ist enorm wichtig und gibt unserem sogenannt nicht messbaren Wirken auch das nötige Gewicht.

Lebendige Begegnung lässt sich nicht allein theoretisch herstellen. Aber alles Bemühen lohnt sich. Dieses Heft hat mich ausgesprochen motiviert und ich wünsche mir, dass ich, wer weiss ob und wie bald, dereinst in solche Hände gerate, wenn ich selbst darauf angewiesen bin.

Judith Giovannelli-Blocher

Autorin

Judith Giovannelli-Blocher
Sozialarbeiterin, Organisationsberaterin und Schriftstellerin

Veröffentlichung 2012:
Der rote Faden, Geschichte meines Lebens – Verlag Nagel und Kimche, 249 S.

Einleitung

«Eine Stärke von Menschen mit einer Demenz liegt in der Wahrnehmung der nonverbalen und paraverbalen Ebenen. Betreuende müssen demnach vor allem authentisch sein und sich ihrer Körpersprache bewusst sein.» Dieser Satz von Verena Tschudin in ihrem Beitrag zur Integrativen Validation in der Aktivierungstherapie in diesem zweiten Themenheft zeigt, wie wichtig die Persönlichkeitsbildung und -entwicklung der therapeutisch arbeitenden Aktivierungsfachperson ist. Auch in den Beiträgen zur Basalen Stimulation und Lösungsorientierung wird die Bedeutung der Fachperson als Persönlichkeit aufgegriffen.

Menschen in Krisen, Menschen mit schweren Beeinträchtigungen, Menschen am Lebensende und Menschen mit einer Demenzerkrankung brauchen eine differenzierte und ganzheitliche Begleitung, auch in der Aktivierung. Aktivierungstherapeutische Interventionen, die aufgrund einer klaren Indikation durch das interprofessionelle Team festgelegt wurden, sollen dazu beitragen, dass eine möglichst gute Lebensqualität in schwierigen Situationen und bis zum letzten Atemzug erhalten werden kann.

Aktivierung bezieht sich nicht nur auf ein gemeinsames Tun oder auf das Impulsgeben, um als Bewohnende/r oder Gast selber etwas anpacken zu können. Die professionelle Unterstützung zur Lebensgestaltung in Grenzsituationen kann sich auf ganz verschiedene Bereiche konzentrieren, wie z. B. auf ein kontemplatives Wahrnehmen und passives Geniessen, auch auf ein gemeinsames Sein. Wer Wertschätzung erhält, fühlt sich als wertvoller Mensch, selbst wenn er/sie nichts leistet und von Pflege und Betreuung abhängig ist. Das Fundament der Aktivierungstherapie ist deshalb eine ganzheitliche Sichtweise, die auf dem Gesundheitsverständnis der WHO und der Salutogenese basiert und die mehrere Dimensionen der Gesundheit einbezieht, so auch die spirituelle Dimension, die in Grenzsituationen des Lebens besonders zu berücksichtigen ist.

Alle drei in diesem Themenheft vorgestellten Konzepte bzw. Methoden basieren auf diesem Gesundheitsverständnis und arbeiten mit den Ressourcen der Klientinnen und Klienten. Wie grundsätzlich in der Aktivierungstherapie wird beim Einsatz der Lösungsorientierung, der Integrativen Validation und der Basalen Stimulation der systemische Ansatz gelebt: Die Bezugspersonen werden einbezogen und ihre Wirkung sowie die Wirkungen des Umfelds auf die Lebensgestaltung der Klientinnen und Klienten werden berücksichtigt.

Dabei werden verschiedene Formen der Kommunikation beachtet: verbale, nonverbale und paraverbale Kommunikation. Beim professionellen Einsatz der Lösungsorientierung, der Integrativen Validation und der Basalen Stimulation in der Aktivierungstherapie ist die ganze Persönlichkeit der Therapeutin/ des Therapeuten gefordert. Wie für die Aktivierungstherapie insgesamt – ob bei therapeutischen Interventionen in der Gruppe oder in der Einzeltherapie – ist in allen drei Methoden die Beziehungsgestaltung das wesentliche Element. Denn wie es Rosemarie Mathys und Jan Straub in ihrem Beitrag in diesem Themenheft formulieren, gilt die folgende Aussage auch für die Aktivierungstherapie: «Im Verständnis der Basalen Stimulation wird eine Klientin oder ein Klient als gleichberechtigtes Gegenüber mit einer einzigartigen Biografie betrachtet.»

Gestützt auf das Konzept der *Palliativ Care* gehen wir davon aus, dass Menschen in Grenzsituationen ihr Leben so gestalten möchten, wie sie es für richtig und sinnvoll halten. Die Lebens- und auch Sterbewünsche von Bewohnenden von Alters- und Pflegeheimen und anderen spezialisierten Institutionen sind sehr individuell. Gemeinsam ist ihnen aber, dass sie nicht nur auf ihre körperlichen, geistigen und psychischen Beeinträchtigungen reduziert werden wollen, sondern als ganze Person, d.h. auch als Persönlichkeit mit individuellen Ressourcen und Kompetenzen, wahrgenommen werden wollen. Dass eine qualitativ hochstehende, ganzheitliche Begleitung zusätzlich zur notwendigen medizinischen (und schmerzlindernden) Betreuung auch zur Reduktion der Kosten beiträgt, ist bekannt. Es stehen auch zunehmend differenzierte Instrumente zur Erfassung der Lebensqualität demenzkranker Menschen zur Verfügung (z.B. H.I.L.D.E., siehe Beitrag «Basale Stimulation in der Aktivierungstherapie» in diesem Heft).

Damit die Aktivierungstherapie ihren Auftrag, z.B. in Wohngruppen für Menschen mit Demenz, in der *Palliativ Care* und bei betagten Menschen mit geistiger Behinderung, erfüllen kann – immer im Zusammenspiel mit den Expertinnen und Experten der anderen Fachbereiche –, sind spezifische methodische und persönliche Kompetenzen unabdingbar. Denn auch in der Aktivierungstherapie wird die Therapeutin oder der Therapeut zum Wirkungsfaktor und die therapeutische Beziehung zum wirksamsten Element, oft sogar zur Voraussetzung für die Wirksamkeit anderer Therapieelemente.

Auch bei der Lösungsorientierung, der IVA und der Basalen Stimulation sind der bewusste, empathische und reflektierende Umgang zentral, wie auch die Themen Nähe und Distanz sowie die eigene Körperhaltung, Mimik und Tonlage. Das Wahrnehmen der eigenen Gefühle und der Reaktionen der Klientinnen und Klienten, das Einordnen des Wahrgenommenen und das Reflektieren gehören zur professionellen Anwendung. Deshalb werden die drei Konzepte auf selbstverständliche Weise in das aktivierungstherapeutische Arbeiten der dipl. Aktivierungsfachfrauen HF und dipl. Aktivierungsfachmänner HF integriert; sie unterstützen das Erreichen der aktivierungstherapeutischen Zielsetzungen massgeblich. Das Therapeutische entsteht durch die Haltung und das Verhalten der Fachperson.

Die Aktivierung (Aktivierende Alltagsgestaltung und Aktivierungstherapie) leistet einen Beitrag zur Erhaltung und Verbesserung der Lebensqualität und des Wohlbefindens, sie vermittelt Struktur im Alltag, ermöglicht soziale Kontakte und fördert das Erleben von Selbstwirksamkeit.

Darüber hinaus ist das Hauptziel der Aktivierungstherapie, Klientinnen oder Klienten mit stark eingeschränkten Ressourcen persönliche Entwicklung zu ermöglichen. Sie unterstützt und fördert deshalb gezielt die körperlichen, kognitiven, sozialen, geistigen und emotionalen Fähigkeiten ihrer Klientinnen und Klienten
- zur Erhaltung ihrer grösstmöglichen Selbstständigkeit und Partizipation,
- zur Stärkung ihrer Erlebens- und Handlungsmöglichkeiten,
- damit sie ihr Leben soweit als möglich wieder (mit-)gestalten können.

Die Aktivierungstherapie ist entwicklungs- und zukunftsorientiert, fördernd und zutrauend.

Eine weitere Gemeinsamkeit der vorgestellten Konzepte mit der Aktivierungstherapie – zusätzlich zu den genannten (auf dem Gesundheitsverständnis basierend, auf dem systemischen Ansatz beruhend, die Bedeutung der Persönlichkeit der Fachperson berücksichtigend) – ist die Nutzung der biografischen Ressourcen.

«In der lösungsorientierten Kommunikation ist die Haltung des Nichtwissens wesentlich», beschreibt Markus Haldner in seinem Beitrag die Offenheit, mit der dem Gegenüber begegnet werden soll. Dies gilt sowohl den Klientinnen oder Klienten wie auch den Fachpersonen aus anderen Bereichen gegenüber, d. h. in der interdisziplinären und interprofessionellen Arbeit. Denn nur mit dieser Haltung der Offenheit für Unerwartetes und der Freude am gemeinsamen Entdecken von hilfreichen Aspekten ist die Arbeit für alle Beteiligten gewinnbringend. Im Kontext der Aktivierungstherapie wird das Wertvolle so für die Klientinnen und Klienten, ihre Angehörigen sowie die anderen involvierten Fachpersonen und die Aktivierungsfachperson selbst wirksam.

Für die drei wertvollen Beiträge möchte ich mich bei den drei Autorinnen und den zwei Autoren dieses Themenheftes herzlich bedanken. Es ist ihnen gelungen, die verschiedenen Facetten der subtilen und komplexen therapeutischen Beziehungsarbeit differenziert darzustellen. Die Beiträge zeigen sowohl die Bedeutung der Ressourcen fördernden Sprache als auch den achtsamen Einbezug der körperlichen Ebene.

Die Artikel belegen, welche professionellen Fachkenntnisse und persönliche Reflexionsarbeit der Aktivierungsfachperson nötig sind, damit sie Zwischentöne, Stimmungen und Sinneseindrücke wahrnehmen und im entsprechenden Kontext stimmig deuten kann. Die Beiträge machen deutlich, welche Bedeutung das differenzierte Wissen und Können der dipl. Aktivierungsfachperson hat, damit sie mit therapeutischen Interventionen Menschen mit schwersten Beeinträchtigungen oder Verwirrtheit sowie Menschen am Lebensende professionell, würde- und liebevoll begleiten kann.

In der Pflege und Betreuung wird schon länger als in der Aktivierung mit den Konzepten der Basalen Stimulation und IVA gearbeitet. Die Zusammenarbeit von Fachpersonen verschiedener Disziplinen ist – bei entsprechendem Erfahrungsaustausch – bereichernd und unterstützt das Nutzen von Synergien. Diese Verständigung unter den Fachpersonen der verschiedenen Fachbereiche sowie das konstruktive, lösungsorientierte Zusammenarbeiten ermöglichen eine gute Lebensqualität, fördern das Wohlbefinden aller Bewohnenden und Gäste sowie der Mitarbeitenden und unterstützen das Erreichen der therapeutischen Ziele.

In der herausfordernden, aber auch menschlich sehr bereichernden Arbeit in Institutionen des Langzeitbereichs (Heimen, Tagestätten, Wohngruppen, Hospizen, Kliniken) ist es speziell von Bedeutung, dass eine gelingende Zusammenarbeit aller erreicht werden kann.

Im nächsten Themenheft, das für Oktober 2013 geplant ist, werden die Biografiearbeit in der Aktivierungstherapie und weitere Konzepte, die in der Aktivierungstherapie relevant sind, vorgestellt.

Christine Hefti Kraus

Autorin

Christine Hefti Kraus
Leiterin Bildungsgang Aktivierung HF

Lösungsorientierung in der Aktivierungstherapie

Die Aktivierungstherapie trägt – aufbauend auf fundiertem Wissen um die gesundheitlichen Einschränkungen – dazu bei, die Situation von Menschen, die in Institutionen betreut werden, zu verbessern. Sie orientiert sich dabei weniger an den Defiziten und Mängeln, sondern vielmehr an den Ressourcen und den verbleibenden Möglichkeiten. Der vorliegende Beitrag zeigt, wie man Ressourcen in der Aktivierungstherapie nutzen kann. Auf der Grundlage der lösungsorientierten Gesprächstherapie werden an Beispielen konkrete Möglichkeiten dazu aufgezeigt.

Die lösungsorientierte oder lösungsfokussierte Kurzzeittherapie ist eine spezielle Art der Gesprächstherapie, die auf Steve de Shazer und Insoo Kim Berg zurückgeht. Sie geht davon aus, dass es hilfreicher ist, sich auf Wünsche, Ziele, Ressourcen und Möglichkeiten zu konzentrieren statt auf Probleme und Defizite. Die lösungsorientierte Gesprächstherapie geht von sieben zentralen Annahmen über die Beziehungsgestaltung und das Lösen von Problemen aus. Die erste heisst: «Probleme sind Herausforderungen, die jeder Mensch auf seine persönliche Art zu bewältigen sucht.» Diese Annahme erlaubt es der Fachperson, die Lösung des Problems vorerst nicht kennen zu müssen. Sie geht davon aus, dass die zu Beratenden die Lösung ihres Problems in sich tragen. Durch Fragen werden Therapeutinnen und Therapeuten Geburtshelfende bei der Suche nach passenden Lösungen. So können die Fachpersonen dem zu begleitenden Menschen unvoreingenommen begegnen und mithilfe der lösungsorientierten Fragetechnik Ressourcen nutzen und weiterentwickeln.

Kim Berg und de Shazer haben eine Fragetechnik entwickelt, welche die verborgenen Bedürfnisse freilegt und konkretisiert. Die Lebensqualität des Klienten/der Klientin kann durch das Entdecken von Ausnahmen verbessert und erweitert werden.

Das Konzept der Ausnahme beruht auf der Beobachtung, dass zwei Drittel der Klientinnen und Klienten bei ihren Problemen Ausnahmen entdecken: Sie haben das betreffende Problem nicht immer, es gibt Ausnahmen. In diesen Ausnahmesituationen verhält sich der Klient/die Klientin bereits ein wenig entsprechend seinem/ihrem gewünschten Ziel. In alltäglichen Lebenssituationen zeigt sich eine Veränderung im Problemverhalten, und zwar in Richtung der von der Klientin/dem Klienten gewählten Lösung. Die Analyse von Gesprächen ergab, dass zu jedem Problem mindestens eine Ausnahme gehört. Auch Ausnahmesituationen, die vorerst als unscheinbar erachtet werden, können massgeblich zur Lösung beitragen. Die Aussage: «Ich mache nie etwas richtig» kann auf die Befindlichkeit verheerend wirken. Sie wird relativiert, wenn ich das Wort «nie» mit «manchmal» ersetze: «Ich mache manchmal etwas richtig». Die Fokussierung auf das Gelingen verstärkt die Gewissheit, dass die Ausnahme für den Alltag nützlich war. In einem weiteren Schritt kann die Ausnahme bewusst erfragt und ausgebaut werden: «Wie ist es Ihnen gelungen? Was hat dazu beigetragen? Wer hat Sie darin unterstützt?»

Ursprung und Entwicklung der lösungsorientierten Kurzzeittherapie

In den 1960er- und 1970er-Jahren setzten sich die Mitglieder der Palo-Alto-Gruppe[1] (Paul Watzlawick, John Weakland, Richard Fisch, Jay Haley) sowie der Psychiater Milton Erickson kritisch mit den herkömmlichen Theorien und Therapieansätzen auseinander. De Shazer gehörte zu den Sympathisanten dieser Gruppe; John Weakland war sein Freund und Mentor. Die Gruppe wollte die psychiatrischen Dienste nachhaltig verbessern. Deshalb untersuchte sie verschiedene Phänomene psychischer Erkrankungen und fragte sich, wie diese zustande kamen.

---

[1] Die Palo-Alto-Gruppe ist eine Forschungsgruppe aus Psychiater/innen, Psycholog/innen und Sozialarbeiter/innen am Mental Research Institute (MRI) in Palo Alto, Kalifornien. Die dort entwickelten Theorien über menschliche Kommunikation, Familien und Familientherapie, Systemtheorie und deren Umsetzung in therapeutische Methoden sind für die Psychologie bedeutsam.

Fisch und Weakland entwickelten in der Folge den lösungsorientierten Ansatz. Sie gründeten das *Brief Therapy Center* am Mental Research Institute. Parallel zur Palo-Alto-Gruppe und aufbauend auf der Arbeit von Milton Erickson und Ludwig Wittgenstein gründeten de Shazer und Kim Berg 1979 das *Brief Family Therapy Center* (BFTC, Kurzzeit-Familien-Therapie-Zentrum) in Milwaukee, Wisconsin, USA. De Shazer war vor allem wissenschaftlich, psychotherapeutisch und publizistisch tätig. Kim Berg war eine begabte Gesprächsleiterin und Psychotherapeutin und schrieb ebenfalls mehrere Bücher. Sie verstand es hervorragend, Klientinnen und Klienten intuitiv und einfühlsam in ihre Eigenverantwortung zurückzuführen. Kim Berg war für de Shazer in besonderem Mass Impulsgeberin. So antwortete er auf die Frage, woher er seine konzeptionellen Ideen habe, in seiner unnachahmlich kurzen Art «Watching Insoo's work!» – aus der Beobachtung von Insoos Arbeit.

Anfänglich arbeiteten Kim Berg und de Shazer in Milwaukee mit weniger privilegierten Familien. Dabei waren sie häufig mit gewalttätigen Vätern konfrontiert. Hinzu kamen Klientinnen und Klienten aus schwierigen sozialen Verhältnissen, die mit Problemen wie Suchtverhalten oder existenziellen Schwierigkeiten zu tun hatten. Zusammen mit einem interdisziplinären Team analysierten Kim Berg und de Shazer Videoaufnahmen von zahlreichen Therapiegesprächen. Dabei wurden die therapeutischen Interventionen analysiert und Fragestellungen entwickelt, welche die verborgenen Bedürfnisse der Klientinnen und Klienten freilegten, die Ausnahmen ans Tageslicht brachten und diese wie mit einer Lupe vergrösserten. Auf der Grundlage dieser Analysen entwickelten sie neue Ansätze für den Umgang mit Klientinnen und Klienten. Dies führte dazu, dass diese aus ihrer Ohnmacht herausfanden und nach und nach mehr Handlungskompetenz erlangten. De Shazer sagte dazu: «Unsere Aufgabe ist es nicht, das Schloss zu analysieren, sondern den Klienten zu helfen, den Schlüssel zu finden.» (De Shazer, 1991, S. 13)

Die lösungsorientierte Kurzzeittherapie verzeichnete bald viele Erfolge. Schon nach wenigen Sitzungen gelang es den Hilfesuchenden jeweils, sichtbare Schritte zu einer Lösung hin zu machen. Im Unterschied zur analytischen Psychotherapie ging es Kim Berg und de Shazer darum, dass der Klient/die Klientin möglichst schnell die vorhandenen Fähigkeiten entdeckte und auf die eigenen Ressourcen zurückgreifen konnte. Schon bald wurde die lösungsorientierte Kurzzeittherapie und die erfolgreiche Tätigkeit mit vermeintlich schwer zu therapierenden Menschen über die USA hinaus bekannt. In Europa, insbesondere in Deutschland, begann das Modell ab 1990 Fuss zu fassen. In der Schweiz führten Marianne und Kaspar Baeschlin mit Unterstützung der Begründer die lösungsorientierte Arbeit in ihrer Sonderschule ein. Sie verbreiteten das lösungsorientierte Modell auch an Pädagogischen Hochschulen und in pädagogischen Institutionen. Kim Berg und de Shazer entwickelten die Kurzzeittherapie weiter und lehrten das lösungsorientierte Denken an Seminaren, Kongressen und Workshops. 2005 starb de Shazer. Kim Berg führte die gemeinsame Arbeit bis zu ihrem Tod 2007 weiter. Das lösungsorientierte Modell hat in Fachkreisen Fuss gefasst und wird heute in vielen Bereichen wie Beratung und Coaching, Supervision, Sozialpädagogik und Erwachsenenbildung angewendet.

Die hilfreiche Haltung der Therapeutin/ des Therapeuten

«In gewissem Grad sind wir wirklich das Wesen, das die anderen in uns hineinsehen, Freunde wie Feinde. Und umgekehrt! Auch wir sind die Verfasser der andern; wir sind auf eine heimliche und unentrinnbare Weise verantwortlich für das Gesicht, das sie uns zeigen.» (Max Frisch, Tagebuch 1946 –1949, S. 370–371)

Es ist wesentlich, mit welcher Haltung wir auf Menschen zugehen. Ein Mensch, der im beruflichen Alltag als kontaktfreudiger, zuverlässiger, zielstrebiger Arbeitskollege bekannt ist, kann von seiner Vermieterin als durchaus schwieriger Mieter wahrgenommen werden, weil er an den falschen Tagen die Waschmaschine benutzt, abends Gäste nach Hause bringt und zu viel Lärm macht. Ob sich menschliche Eigenschaften als Stärke oder als Schwäche herausstellen, ist situations-, beziehungs- und personenabhängig. In einem Gespräch werden Sympathie oder Antipathie innerhalb von Bruchteilen von Sekunden über alle Sinne wahrgenommen und beeinflussen den weiteren Verlauf der Kommunikation.

Wie in allen therapeutischen Prozessen spielt auch in der lösungsorientierten Kurztherapie die Qualität der Kommunikation eine entscheidende Rolle. Dabei ist Kommunikation nicht nur Informationsvermittlung, sondern umfasst immer auch den Beziehungsaspekt. Mit allem, was wir sagen, wird deutlich, welche Beziehung wir zu unserem Gegenüber haben. Der Beziehungsaspekt informiert darüber, wie der Inhalt zu verstehen ist. Selbst wenn wir nur über Sachverhalte sprechen, definieren wir gleichzeitig – und können es nicht nicht tun – unsere Beziehung zur anderen Person. Die Art, wie wir fragen oder sprechen (Tonfall, Mimik, Gestik), drückt unsere Einstellung zur anderen Person aus. Im Gespräch mit anderen Menschen geben wir Interpretationen und Bewertungen über das Gegenüber ab. Dies geschieht oft nicht bewusst. Letztendlich wissen wir nie genau, wie das von unserem Gegenüber Gesagte zu verstehen ist. Wir ahnen oft nur, was gemeint sein könnte. «Die meisten Therapeuten versuchen zwischen den Zeilen zu lesen, aber dort steht nichts», bemerkte de Shazer in einem Workshop. Dies war eine seiner essenziellen Haltungen. Sie half ihm, nicht zu interpretieren, und begünstigte eine grundlegende Akzeptanz des Gegenübers. Gleichzeitig unterstrich diese Haltung de Shazers Interesse am Menschen und seinen Beweggründen und äusserte sich in der charakteristischen Feststellung: «Es muss gute Gründe geben, weshalb Sie dies getan haben» (Baeschlin & Baeschlin, 2008, S. 30). In der lösungsorientierten Kommunikation ist die Haltung des Nichtwissens wesentlich. Je besser es gelingt, Interpretationen und Bewertungen während eines Gesprächs bewusst zu vermeiden, desto besser können wir zuhören und uns dem Gegenüber zuwenden.

Aktives Zuhören als Schlüssel zum Verständnis

Wenn wertfrei wiederholt wird, was Klientinnen und Klienten sagen, fühlen diese sich in ihrer Sicht des Problems verstanden. Wertfreies Nachzeichnen mit Wiederholung von Schlüsselwörtern heisst, dass unterschiedliche Wahrnehmungen von Beratenden und Klientinnen und Klienten gleichberechtigt nebeneinanderstehen. So können Lösungen für Hilfesuchende, die zuvor als unwichtig oder gar unmöglich betrachtet wurden, an Attraktivität gewinnen. Klientinnen und Klienten tragen geeignete Lösungen bereits in sich, diese müssen nur noch erkannt und wahrgenommen werden. Kim Berg und de Shazer erkannten im aktiven Zuhören und wertfreien Nachzeichnen einen bedeutenden Grundsatz. Der Klientin/dem Klienten wird damit die Verantwortung übertragen. Sie sind ihre eigenen Expertinnen und Experten.

De Shazer und Kim Berg benutzten bewusst die Schlüsselwörter der Klientinnen und Klienten. Sie griffen persönliche Ausdrucksarten der Klientinnen und Klienten auf und flochten sie in ihre Reaktion ein. So wird die Klientin/der Klient eingeladen, ihre/seine Sichtweise nochmals zu überdenken; dadurch können Missverständnisse geklärt werden.

Was bis anhin als Versagen empfunden wurde, kann nun als Ressource umgedeutet werden. Der Klient/die Klientin hat sich vielleicht als geizig bezeichnet und sieht plötzlich die Vorzüge seiner/ihrer Sparsamkeit.

Denken ausserhalb der vordergründigen Möglichkeiten

Karl Duncker hat 1935 aus der kognitiven Psychologie das «Neun-Punkte-Problem» entwickelt. Er lud seine Leserschaft ein, die neun Punkte durch vier zusammenhängende, gerade Linien zu verbinden, ohne den Stift einmal abzusetzen.

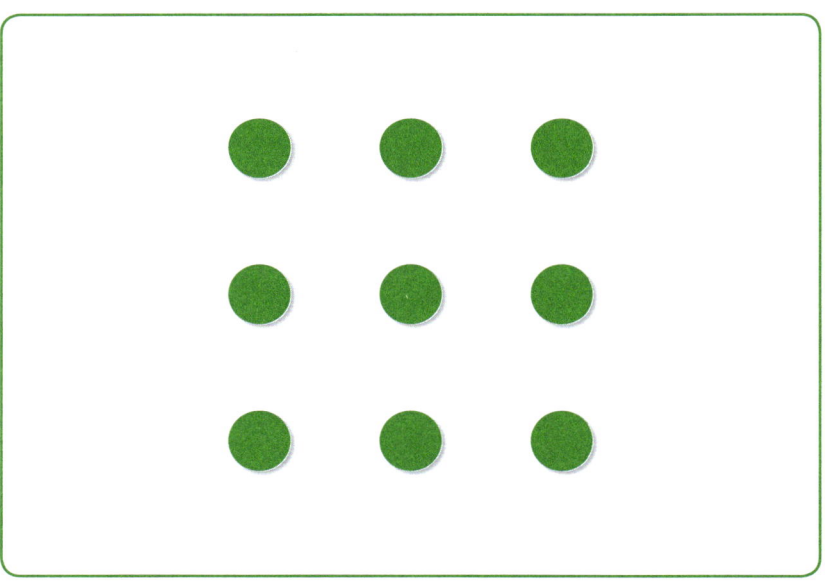

«Neun-Punkte-Problem» *(Auflösung am Ende des Artikels)*

Fast jeder Mensch, der zum ersten Mal diese Aufgabe zu lösen versucht, scheitert vorerst, weil er von seinen bisherigen begrenzten Lösungsmustern ausgeht. Er geht von der Annahme aus, dass die Lösung innerhalb des durch die Punkte gegebenen Quadrats gefunden werden muss. Eine Bedingung, die in der Aufgabenstellung nicht enthalten ist, sondern die sich die Problemlösenden unbewusst selbst auferlegen. Das Scheitern liegt daher nicht in der Aufgabe selber, sondern in der Beschränkung der Lösungsversuche. Erst wenn man die (vermeintlichen) Grenzen überschreitet, kann man die Aufgabe lösen.

Lösungsorientierung in der Aktivierungstherapie

Dieses Prinzip lässt sich in vielen Lebenssituationen anwenden und auch auf die Gesprächsführung übertragen. Durch die Haltung und die Art, wie Fragen gestellt werden, können Lösungen begünstigt oder verhindert werden.

Kim Berg und de Shazer haben aus diesen Erkenntnissen folgenden Grundsatz hergeleitet: Die Beraterin/der Berater hat den Auftrag, das Denken ausserhalb der konstruierten Möglichkeiten zu fördern – «Thinking from out of the box» (Kim Berg & Shilts, 2008, S. 11).

Das Durchbrechen eines Musters mittels einer unerwarteten Reaktion oder durch Humor kann ebenfalls hilfreich sein. Man nimmt eine neue Perspektive ein.

Ehrliches Interesse

Zu einer hilfreichen Haltung in Therapiebeziehungen gehört ehrliches Interesse. Interesse wird nicht nur aus einer professionellen Haltung heraus (äusserlich) gezeigt, sondern ist verinnerlicht und wird gelebt. Wenn es zum Beispiel einer Partnerin/einem Partner gelingt, in einem Gespräch zum Thema Eifersucht statt mit Abwehr mit Interesse und Neugier zu reagieren, ermöglicht dies oft ein überraschend offenes Gespräch. Dadurch wird es möglich, auf einer anderen Ebene zu kommunizieren und somit eine Veränderung der Beziehungsmuster zu erreichen. Beide Gesprächspartner setzen sich über ihre eigenen Muster hinweg und bewegen sich in einem für sie neuen System, das zwar bereits vorhanden war, das sie aber bis anhin nicht nutzen konnten. Ähnlich wie auf dem Schachbrett kommt ein neuer Zug ins Spiel und damit eine neue Kombinationsmöglichkeit. Der Spielverlauf ändert sich und die Spannung wird aufrechterhalten. Das Denken kann über die selbstgesetzten Grenzen hinausgehen und Lösungen «out of the Box» – ausserhalb des Rahmens – entwickeln. In einem Gespräch können Überraschungen festgefahrene Muster verändern. Eine starre Meinung kann sich wandeln und andere Standpunkte bekommen eine Chance.

Der Cartoon zeigt: In einer bedrohlichen Situation kann sich die Wahrnehmung so einengen, dass naheliegende Alternativen nicht gesehen werden.

Lösungsorientierte Annahmen

Hintergrund der lösungsorientierten Annahmen ist ein positives Menschenbild, das unser Verhalten und unsere Sprache prägt. Dieses wirkt sich günstig auf die Beziehung zu anderen Menschen aus, es geht vom grossen Potenzial und den Ressourcen des Menschen aus und nicht von seinen Defiziten und Mängeln. Für das Zusammenleben mit Menschen ist die Auseinandersetzung mit den eigenen Annahmen wichtig.

Die sieben lösungsorientierten Annahmen nach Baeschlin & Baeschlin:

1. Probleme sind Herausforderungen, die jeder Mensch auf seine persönliche Art zu bewältigen sucht.
2. Wir gehen davon aus, dass alle Menschen ihrem Leben einen positiven Sinn geben wollen und dass die nötigen Ressourcen dazu vorhanden sind. In eigener Sache sind alle kundig und kompetent.
3. Es ist hilfreich und nützlich, dem Gegenüber sorgfältig zuzuhören und ernst zu nehmen, was es sagt.
4. Wenn du dich am Gelingen und an den nächsten kleinen Schritten orientierst, findest du eher einen Weg.
5. Nichts ist immer gleich, Ausnahmen deuten auf Lösungen hin.
6. Menschen beeinflussen sich gegenseitig. Sie kooperieren und entwickeln sich eher und leichter in einem Umfeld, das ihre Stärken und Fähigkeiten unterstützt.
7. Jede Reaktion ist eine Form von Kooperation, Widerstand auch.

Die lösungsorientierten Annahmen gehen von folgender Grundhaltung aus: «Kein Mensch handelt aus Bosheit destruktiv. Jeder macht von sich aus gesehen das Bestmögliche, er handelt so, weil ihm im Moment nichts Besseres einfällt. Jedes Verhalten ist immer ein Lösungsversuch, manchmal mit negativen Auswirkungen» (Baeschlin & Baeschlin, 2008, S. 16). Auch ein für uns uneinsichtiger Lösungsversuch ist möglicherweise auf einen guten Grund zurückzuführen. Er kann vordergründig destruktiv erscheinen, hat sich aber aus dem erlernten Muster ergeben. Es ist deshalb sinnvoll, die Gründe des Klienten/der Klientin zu erfragen. Dann gilt es, alternative Handlungsweisen zu finden.

Im zweiten Teil des Artikels werden die sieben lösungsorientierten Annahmen nach Baeschlin & Baeschlin (2008) erläutert und mit Beispielen aus dem aktivierungstherapeutischen Alltag von Frau Barbara Krebs-Weyrich illustriert.

Hilfreiche Fragen und anerkennende Rückmeldungen

Durch geeignete Fragestellungen sucht die Beraterin/der Berater eine Möglichkeit, das Potenzial der Klientin/des Klienten sichtbar zu machen. Dies bewirkt, dass die Klientinnen und Klienten an den Erfolg glauben. Sobald der Glaube an die Stärken wieder zunimmt, erscheint auch das Problem weniger bedrohlich – obwohl das ursprüngliche Problem noch genau dasselbe ist.

Ratschläge zu erteilen, ist in aller Regel nicht nützlich. Es sind oft die kleinen Erfolge aus dem Lebenszusammenhang der Klientinnen und Klienten, die Mut machen, grössere Ziele anzugehen. Diese Momente mit offenen W-Fragen zu erkunden, hilft mit, eine positive Atmosphäre zu schaffen bzw. aufrechtzuerhalten: «Wie kommt es, dass…? Wer war auch noch dabei? Was hat dazu beigetragen?» Ja-Nein-Fragen sind geschlossene Fragen; sie sind nicht hilfreich, um Erfolgsmomente zu beleuchten. Warum-Fragen verursachen oft Schuldgefühle. Sie fordern die Gesprächspartnerin/den Gesprächspartner auf, eine Rechtfertigung abzugeben. Der Klient/die Klientin muss sich positionieren und gerät dadurch leicht in eine Recht-Unrecht-Situation. Das Problem wird tendenziell verstärkt und der Blick für neue Lösungen getrübt.

Beispiel für eine hilfreiche Frage

Frau B. hat als kleines Mädchen ihre Mutter verloren. Die neue Stiefmutter war nicht bereit, das Kind aufzuziehen. Nach dem Tod ihrer Mutter kam Frau B. deshalb zu den Grosseltern auf den Bauernhof. Dort musste sie schon als kleines Kind kräftig mithelfen. Wegen ihrer starken Hornhautverkrümmung (20 % Sehvermögen) und der Brille wurde sie oft gehänselt.

Ein Hausarzt stellte ihr später die Diagnose, sie sei debil und könne keine Kinder grossziehen. Sie hat trotzdem geheiratet und zwei Kinder erzogen. Geldnot war ein Dauerthema. Für die Familie schleppte sie die schweren Einkaufstaschen durch die ganze Stadt, ohne den Bus zu nehmen, weil die Fahrkarte zu teuer war. Sie wusch die Wäsche für die eigene und für andere Familien. Diese Wasch- und Flickdienste brachten ihr einen kleinen Zustupf. Frau B. hat seit vielen Jahren ein Rückenleiden. Mit 40 Jahren, als ihr Mann im Sterben lag, musste sie sich einer ersten Bandscheibenoperation unterziehen. Frau B. hatte in ihrem Leben oft mit schweren Ängsten zu kämpfen. Ihr Sehvermögen nahm laufend ab. Mit 73 Jahren starb ihr zweiter Lebenspartner und vier Jahre später folgte die zweite Bandscheibenoperation. Vor ihrer zweiten Rückenoperation hatte sie grosse Angst, dass sie nie mehr nach Hause gehen könne und ihre Zukunft in der Geriatrie verbringen müsse.

Die Klientin war oft deprimiert. Einmal fragte ich sie in der Beratung, wie der Ort aussehen müsste, an dem sie gesund werden könnte. Sie strahlte wie schon lange nicht mehr; sie erzählte mir von ihrer Wunschzukunft: Frau B. sprach von Geborgenheit und Sicherheit. Sie wünschte sich an den Ort zurück, wo sie einst ein glückliches Familienleben geführt hatte. Sie wollte nach Hause, obwohl ihre Kinder und ihre Lebenspartner nicht mehr dort waren. Die vertraute Umgebung war ihr Kraftort. Dort konnte sie sich selber sein und sich sicher fühlen. Sie freute sich fortan an den kleinen Erfolgen, die sie nach der Operation erzielte. In diesen Momenten mobilisierte sie ihre Selbstheilungskräfte, um wieder nach Hause, an den Ort zurückkehren zu können, wo sie sich wohlfühlte. Erst später erinnerte sie sich in der Beratung an die ursprüngliche Frage nach ihrem Kraftort. Ich war beeindruckt davon, wie sie an ihrer Gesundung mitgearbeitet hatte und meldete es ihr wertschätzend zurück.

Die Einstiegsfrage (Zielfrage)

Mit der Einstiegsfrage wird das Ziel der lösungsorientierten klassischen Beratung so präzis wie möglich ermittelt. De Shazer hat lösungsorientierte Beratung folgendermassen zusammengefasst: 1. Mit der Klientin/dem Klienten herausfinden, was sie/er will (Ziel). 2. Mit ihr/ihm herausfinden, was sie/er kann (Ressourcen). 3. Mit ihr/ihm den nächsten Schritt vereinbaren (Handeln). Kim Berg und de Shazer betrachten die Einstiegsfrage als zentrales Element der Beratung.

Die Einstiegs- oder Zielfrage kann auf verschiedene Art gestellt werden. Im klassischen Sinne lautet sie: «Was muss geschehen, dass Sie am Ende sagen können, es hat sich gelohnt, die Beratung aufzusuchen?» Eine nächste Frage, um das Ziel zu präzisieren, kann lauten: «Woran werden Sie merken, dass Sie das Ziel erreicht haben?» Eine andere Möglichkeit ist: «Woran werden andere erkennen, dass Sie Ihr Ziel erreicht haben?» Die Präzisierung der Ziel- oder Einstiegsfrage kann einen grossen Teil der Beratungssequenz ausmachen.

Die Klientin/der Klient soll zum Nachdenken angeregt werden. Es lohnt sich, sich dafür genügend Zeit zu nehmen und so lange nachzufragen, bis das Ziel konkret fassbar, realistisch erreichbar und positiv formuliert ist. (Aus einer verneinenden Formulierung wie etwa «Ich möchte nicht mehr aus Frustration essen» sollte eine positive Formulierung gemacht werden: «Ich möchte lernen, meine Frustration frühzeitig wahrzunehmen und ein passendes Ventil dafür zu finden»).

Jeder Mensch hat Visionen. Je konkreter die Vision auf ein umsetzbares Ziel heruntergebrochen werden kann, desto einfacher können die Klientinnen und Klienten ihre nächsten Schritte einleiten. Wir brauchen lohnende Ziele, die wir verfolgen können und die unserem Leben Sinn und Antrieb geben. Baeschlin & Baeschlin (2012) beschreiben im Aufsatz «Die Magie der Ziele» eindrücklich, wie Menschen durch genaue Formulierung ihrer Ziele Motivation und Selbstverantwortung gewinnen.

Die Überlebensfrage

Auf die Überlebensfrage «Ich sehe, Sie sind in einer ganz schwierigen Situation. Ich frage mich, wie Sie sich da überhaupt noch durchschlagen können. Wie schaffen Sie das?» erzählte Frau B. oft aus ihrer Kindheit, die zwar alles andere als leicht war, aber trotzdem viele gute Momente hatte. Sie nahm die Überlebensfrage als Einladung, auf eine Entdeckungsreise ausserhalb der gewohnten Lebensmuster zu gehen, in eine Welt, die eigene Erfolge erlebbar machte. Bei ihren Erzählungen schien sie sich an die eigenen, vergessenen Fähigkeiten zu erinnern: Entscheidungsfreudigkeit, Durchhaltevermögen, Spontanität und Mut, das Leben in die eigenen Hände zu nehmen. Damit schlug ihre Stimmung jeweils um und sie betrachtete sich selber mit einem gewissen Stolz. Von da an bewältigte sie in jedem Gespräch kleine Schritte, indem sie sich mehr und mehr zutraute, auch den aktuellen Berg an Problemen anzugehen, ganz nach dem Motto: «Eine Reise von 1000 Meilen beginnt mit dem ersten Schritt vor der Haustür» (chinesisches Sprichwort).

Lösungsfokussierte Fragen sind nicht dazu da, die Beraterin/den Berater über Einzelheiten und Zusammenhänge aufzuklären. Sie dienen viel mehr der Klientin/dem Klienten dazu, laut über seine/ihre Situation nachzudenken und herauszufinden, was sie/er will.

Die Skalierungsfrage

Eine weitere nützliche Frage, die sowohl als Einstieg bezüglich Befindlichkeit wie auch im Gespräch in vielen Variationen eingesetzt werden kann, ist die Skalierungsfrage. Sie eignet sich gut, um Entwicklungen zu planen und darzustellen. Ein Beispiel für eine Skalierungsfrage könnte sein: «Stellen Sie sich eine Skala von 0 bis 10 vor. Wenn 10 dafür steht, dass das Problem zur vollen Zufriedenheit gelöst ist, und 0 für das Gegenteil, wo befinden Sie sich jetzt auf dieser Skala?» Oder: «Drücken Sie auf einer Skala von 0 bis 10 Ihre Befind-

Lösungsorientierung in der Aktivierungstherapie

lichkeit aus.» Oder: «10 steht für Ihr grosses Ziel. Wo befinden Sie sich jetzt auf dem Weg zum Ziel?» Nehmen wir an, jemand antwortet auf die letzte Frage: «Ich stehe bei 5.» In der Folge geht es darum, die Position 5 zu erläutern: «Was macht es aus, dass Sie bei 5 sind?» «Welche Fähigkeiten haben Ihnen zur 5 verholfen? Gibt es noch andere Gesichtspunkte, die bewirken, dass Sie sich bei 5 einschätzen?» Als Nächstes definiert die Klientin/der Klient den Wert auf der Skala, mit dem er/sie zufrieden wäre. Die 10 steht für einen optimalen oder idealen Zustand. Nehmen wir an, die Klientin/der Klient sagt: «mit 7». Dann fragen Sie weiter: «Was ist Ihr nächster Schritt, um von 5 auf 7 zu kommen?» Sie lassen sich dies ausführlich beschreiben und fragen sie so konkret wie möglich. Dies ist die wirkliche Arbeit der/des Fragenden: In vielen Varianten einen kleinen, konkreten Schritt mit der Klientin/dem Klienten erarbeiten. Frau B. empfand solche Fragen anfangs als ungewohnt. Sie interpretierte die Skalierungsfrage als Bewertung ihrer persönlichen Misserfolge. Als sie einordnen konnte, dass die Skalierungsfrage dazu dient, herauszufinden, was sie zur Zielerreichung noch benötigt, hat sie jeweils mit einem verschmitzten Lächeln auf diese Fragen reagiert.

Die Wunderfrage

In einer anderen Beratungseinheit stellte ich Frau B. die sogenannte Wunderfrage: «Stellen Sie sich vor, über Nacht geschieht ein Wunder und alle Probleme, die Sie bedrücken, sind weg, einfach so, wie wäre es dann?» Sie fing an zu lachen und begann zu beschreiben, wie ihr Leben aussehen würde. Ihr erster Gedanke war, wie gut sie auf der Strasse die Menschen erkennen und begrüssen könnte. Die Vorstellung, gut sehen zu können, beflügelte sie. Als sie das Wunder beschrieben hatte, koppelte ich die Wunderfrage mit der Skalierungsfrage, um ein möglichst klares und brauchbares Bild für den Alltag zu gewinnen. Ich fragte sie: «Wenn 10 das Wunder ist, wo befinden Sie sich jetzt?» Sie antwortete: «Bei 4.» Ich fragte weiter: «Was ist schon ein klein wenig so wie beim Wunder?» Sie antwortete: «Ich erkenne vereinzelt Menschen auf der Strasse, begrüsse sie und führe ein kurzes Gespräch mit ihnen.» Ich fragte sie: «Wie können Sie die Leute erkennen?» Sie antwortete: «Manchmal bin ich ein bisschen leichtsinnig und es braucht einfach Mut, die Person anzusprechen. Manchmal erkenne ich den Gang. Ich nehme die Menschen schemenhaft wahr.» Ich fragte weiter: «Ich bemerke bei Ihnen eine gewisse Zufriedenheit. Was stimmt Sie in der Begegnung zufrieden?» Sie antwortete: «Ich bin dann nicht alleine und kann aus meiner Angst, die Leute nicht zu erkennen, ausbrechen.»

Die Beziehungsfrage

Die Beziehungsfrage hilft der Klientin/dem Klienten, sich selbst von aussen zu betrachten. Aus einer gewissen Distanz kann ein schwieriger Sachverhalt mit Abstand betrachtet werden. Beispiele für Beziehungsfragen sind: «Was würde ihre beste Freundin Ilse sagen, wie Sie von 4 auf 5 kommen könnten?» Oder: «Was würde Ihr Lebenspartner sagen, mit welchen Fähigkeiten Sie einen anderen Tiefpunkt in Ihrem Leben erfolgreich überwunden haben?» Die Betrachtungsweise wird bei dieser Frage geändert. Ich schaue durch die Augen des andern und erweitere damit meinen Horizont.

Anerkennende Rückmeldungen

Frau B. beklagte sich oft über ihre missliche Lebenslage; dabei begann sie häufig zu weinen. Wenn es gelang, im Gespräch den Fokus anerkennend auf ihre Stärken zu legen, besserte sich ihr Selbstwertgefühl vorübergehend und auf ihrem Gesicht erschien ein Strahlen.

Wertschätzend-anerkennende Rückmeldungen werden meist als sehr wirksam erlebt, um in der Beratung die Ressourcen aktivieren zu können. Bei Frau B. kann das wie folgt lauten: «Ich bin beeindruckt von Ihrem feinen Wahrnehmungsvermögen, wie Sie Leute am Gang erkennen können. Auch gefällt mir, dass Sie mit Mut und Entschlossenheit auf die Menschen zugehen.» Frau B.: «Tue ich das wirklich? Das ist mir noch gar nicht aufgefallen, vielleicht sollte ich vermehrt spontan sein.» Weitere Frage: «Wie können Sie vermehrt machen, was Ihnen gefällt?» «Indem ich über meinen Schatten springe und es einfach tue. Manchmal ergeben sich lustige Begegnungen, indem ich Frau Müller mit Frau Meyer verwechsle; dann lachen wir einfach und reden über das Wetter.»

Wertschätzungen sind eine wirksame Anerkennung von Fähigkeiten, die im Gespräch immer wieder eingebaut werden können. Sie müssen allerdings auf wirklichen Beobachtungen beruhen. Damit werden sie authentisch und schaffen Realitätsbezug.

Es ist abzuwägen, mit welcher Dosis von Wertschätzung man arbeitet: Wohldosiert kann sie die Klient/innen stärken, indem sie unterstreicht, was bereits gut läuft. Dies wiederum schafft Raum und gibt Sicherheit. Wenn Wertschätzung konsequent in jeder Beratungssequenz erfolgt, kann die Klientin/der Klient die Ressourcen besser in den Alltag integrieren.

Die lösungsorientierte Gesprächsführung und die Gehirnforschung

Führen die konsequente Anwendung der lösungsorientierten Gesprächsführung, das konsequente Beachten des Prinzips der Ausnahme und die Arbeit mit lösungsorientierten Annahmen zum Erfolg und gibt es entsprechende Erkenntnisse aus der Hirnforschung?

Der Informationsaustausch im Gehirn findet mittels elektrischer Reize statt. Diese Prozesse finden im Zwischenhirn statt und wirken sich auf das Lernverhalten aus. Unser Denken, Empfinden und Verhalten basieren auf der Aktivität neuronaler Netzwerke. Die Synapsen verbinden Nervenzellen, wodurch Informationen und Emotionen übertragen werden. Nach Spitzer (2002, S. 79) besteht die Funktion von Nervenzellen und Synapsen darin, Erfahrung zu repräsentieren. Jede Erfahrung wirkt sich auf die Vernetzung im menschlichen Hirn aus.

Dabei werden bestimmte Erfahrungen vom Hirn bevorzugt, neuroplastisch verstärkt und verankert. Dies sind z. B. Aufmerksamkeit, Interesse, neue Lösungsstrategien, Nutzung der eigenen Stärken und die Aussicht auf Belohnung.

Daniel Mentha (2011) hat auf der Grundlage von Erkenntnissen der Gehirnforschung beschrieben, welche Erfahrungen sich positiv im Hirn verankern und die lösungsorientierte Beratung günstig beeinflussen:

1. Alle Erfahrungen, denen wir bewusst Aufmerksamkeit und Interesse zuwenden, werden verstärkt (Spitzer 2002, S. 143 ff.; Roth 1994, S. 233).
2. Erfahrungen, die mit positiven Überraschungen verbunden sind, in denen wir etwas, das passiert ist, als besser einschätzen als erwartet, bleiben in Erinnerung (Spitzer, 2002, S. 182; S. 16).
3. Erfahrungen, wonach wir etwas Erfreuliches erwarten und uns dies vorstellen, geben Auftrieb (Roth, 2007, S. 247).
4. Erfahrungen, die uns emotional berühren, sind nützlich für die Lösungsfindung (Spitzer, 2002, S. 157 ff.).
5. Erfahrungen, nach denen wir eine Schwierigkeit, Belastung oder Herausforderung bewältigt haben und uns als fähig erlebt haben, geben Mut für neue Herausforderungen (Hüther, 2005, S. 63 f.).

Lange Zeit war die Meinung verbreitet, dass der Mensch ab einem gewissen Alter aufhört zu lernen. Wie sich herausstellte, ist dies ein Irrglaube. Es kommt hauptsächlich darauf an, mit welcher Motivation und welcher emotionalen Beteiligung wir lernen. So kann ein 60-Jähriger, der sich in eine Chinesin verliebt, durchaus in der Lage sein, gut Chinesisch zu lernen. Es stellt sich die Frage, mit welchen erfreulichen Aussichten und welchen förderlichen Erfahrungen der Vergangenheit wir das Gelernte zu verknüpfen vermögen.

Belasten wir uns hauptsächlich mit negativen Emotionen und Erkenntnissen, können kaum neue Netzwerke aufgebaut werden, die positive Erlebnisse in den neuronalen Netzwerken so verankern, dass vermehrt Erfolge möglich wären. Die Problemnetzwerke verkümmern nach und nach, verlieren an Einfluss. Im Problemkontext etwas Neues zu tun, aktiviert im Gehirn andere Netzwerke als diejenigen, die unser Problemerleben und das bisherige Verhalten prägen. Auch hier bestätigt sich die Idee der Ausnahmen. Das Gehirn verändert laufend seine Struktur, es passt sich den Erfahrungen an.

Spitzer spricht dabei auch von gebrauchsabhängigen Spuren (Spitzer, 2012, S. 4). Ideen hinterlassen im Hirn neue Spuren. Sobald der Gedanke wieder entsteht und darauf Taten folgen, entwickelt sich die Nervenbahn, sie dehnt sich aus. Eine erprobte, langjährige Erfahrung widerspiegelt sich in einer starken netzförmigen Nervenverbindung, die mit darauf aufbauenden Erfahrungen respektive Nervensträngen verbunden und verwoben wird. Verbindungen im Hirn wachsen also an den Erfahrungen. Dabei verstärken positive Emotionen den Lerneffekt.

Je mehr wir unser Gehirn auf neue Art nutzen, desto grösser sind die Auswirkungen auf das Gehirn. Das Denken ausserhalb der gewohnten Bahnen («Thinking from out of the box», Kim Berg), verbunden mit der Erfahrung, dass Ähnliches schon einmal gelungen ist, vermittelt Selbstvertrauen und festigt das Selbstbewusstsein.

Für die Therapie bedeutet dies, dass das ressourcenorientierte Beleuchten der Ausnahmen in Verbindung mit emotional berührenden Erlebnissen und einer gewinnbringenden Aussicht (Ziel) besonders hilfreich für die Alltagsbewältigung der Klientinnen und Klienten ist. Die Qualität der Erfahrungen beeinflusst unser Gehirn und seine Entwicklung. Spiegelneuronen sind dafür verantwortlich, dass die Lösungssuche verankert wird und durch wiederholte Anwendungen und Umdeutungen für den Klienten/die Klientin nachhaltig nutzbar wird.

In einem Experiment, das Hüther im Vortrag «Ohne Gefühle geht gar nichts!» (Hüther, 2009, DVD) schildert, flitzten Männer virtuell über die Autorennstrecke des Nürburgrings. Dabei wurde die Hirnaktivität gemessen. Erstaunlicherweise war die Hirnaktivität grösser, wenn die Männer – ohne eigene Aktivität – mit Michael Schumacher mitfuhren, als wenn sie selber mit dem Joystick in der Hand aktiv fuhren.

Hüther (2009, DVD) kommentiert den Versuch sinngemäss so: Wenn Menschen mit etwas starren Absichten, Ehrgeiz und Konkurrenzdenken etwas lernen wollen, wird das Netzwerk im Gehirn weniger aktiviert als in einer entspannten, freudig erregten Gemütslage. Da sind Aufnahmefähigkeit und Lernbereitschaft am stärksten.

Was bedeuten diese Erkenntnisse in Bezug auf den Lernprozess der Klientinnen und Klienten in der Aktivierungstherapie und in der Beratung? Wenn es in einem entspannten Gespräch gelingt, die Aufmerksamkeit auf das Ziel, die Ausnahme, die Ressourcen und die Lösung zu lenken, kann zunehmend mehr Selbstwirksamkeit entstehen. Das Problem wird als weniger schwer empfunden. Die Beraterin/der Berater ermöglicht den Hilfesuchenden eine andere Sichtweise auf das Problem. Es ist nicht die Aufgabe der Beratenden, das Problem zu lösen, sondern die Einstellung zum Problem auf mentaler Ebene zu beleuchten und die Klientinnen und Klienten zur Selbstermächtigung hinzuführen.

Die sieben lösungsorientierten Annahmen: Kommentar mit Beispielen aus dem Aktivierungstherapiealltag

Um die sieben lösungsorientierten Annahmen nach Baeschlin & Baeschlin (2008) zu konkretisieren, werden diese vor dem Hintergrund von praktischen Erfahrungen kommentiert und mit Beispielen aus dem Aktivierungstherapiealltag illustriert. Das «Zeit-haben-für-jemanden» ist oft der Schlüssel zum Erkennen, Aufzeigen und Hervorheben von Ressourcen und Fähigkeiten. Eine offene und interessierte Haltung, Einfühlungsvermögen und Geduld sind Türöffner, um die Bedürfnisse und Möglichkeiten der Klienten und der Klientinnen zu erkennen, darauf einzugehen und mit ihnen zu arbeiten.

Die Beispiele werden im Folgenden zwar jeweils einer lösungsorientierten Annahme zugeordnet, sie enthalten jedoch meistens auch Elemente aus anderen Annahmen.

1. Probleme sind Herausforderungen, die jeder Mensch auf seine persönliche Art zu bewältigen sucht.

Grundsatz: In der Aktivierungstherapie wird das therapeutische Ziel verfolgt, bei Problemen die individuellen Bewältigungsstrategien der jeweiligen Person zu erkennen, sie zu verstehen und die Massnahmen bei der Begleitung darauf abzustimmen. Zu den Herausforderungen der Klientinnen und Klienten gehören oft Alltagshandlungen, die nicht mehr in befriedigender Weise erledigt werden können.

Beispiel: Eine Klientin mit einer Demenz im Übergang zum mittleren Stadium legt grossen Wert auf ihr Äusseres, hat jedoch zunehmend Mühe mit Ankleiden. Es fällt ihr immer schwerer, die selber ausgesuchten Kleider in der richtigen Reihenfolge anzuziehen. Mit dem Hilferuf «Ich weiss nicht mehr, was ich machen soll, ich bin zu nichts mehr fähig» versucht sie, ihre Not beim Namen zu nennen. Sie wirkt traurig, unzufrieden, unruhig, gestresst und gelegentlich verzweifelt. Mithilfe der Anleitung der Aktivierungsfachfrau, die der Klientin erklärt und zeigt, in welcher Reihenfolge die Kleidungsstücke angezogen werden, gelingt es, das Ankleiden wieder befriedigender zu handhaben. Die Kleider werden am Abend in der richtigen Reihenfolge auf den Stuhl gelegt, damit die Klientin am Morgen wie gewohnt selber in den Tag starten kann.

Kommentar: Die Aktivierungstherapie gibt problem- und ressourcenbezogen Unterstützung, damit die Klientin eine möglichst grosse Autonomie behalten kann. Sie orientiert sich dabei an den Bedürfnissen der Klientin. Das geduldige Erklären und das kleine Training sind Hilfe zur Selbsthilfe. Bei Personen, bei denen ein Zugang über Gespräche möglich ist, spielt die verbale Kommunikation eine wichtige Rolle.

2. Wir gehen davon aus, dass alle Menschen ihrem Leben einen positiven Sinn geben wollen und dass die nötigen Ressourcen dazu vorhanden sind. In eigener Sache sind alle kundig und kompetent.

Grundsatz: Die Annahme, dass Menschen ihrem Leben und ihrem Tun einen positiven Sinn geben und über Kompetenzen und Ressourcen verfügen, die erhalten und gestärkt werden können, gilt auch in der Aktivierungstherapie und im damit verbundenen ressourcenorientierten und klientenzentrierten Ansatz, in dem die Person als Expertin für sich selber gilt.

Beispiel: Eine Klientin, die sehr naturliebend ist, ist auf den Rollstuhl angewiesen; dieser behindert und verkleinert ihren Bewegungsradius. Sie wünscht deshalb nach fast jeder aktivierungstherapeutischen Stunde, einen Blick auf die Felder und die Berge werfen zu können. Diesen Wunsch kann ihr die Aktivierungsfachfrau meistens erfüllen.

An einem schönen Wochentag sind die Therapeutin und die Klientin zusammen auf der Dachterrasse des Altersheims. Die Sonne wärmt den Rücken der Klientin, ihre Augen strahlen, als sie plötzlich zwei Liedstrophen aus dem Kirchengesangbuch zitiert: «Die güldne Sonne voll Freud und Wonne bringt unsern Grenzen mit ihrem Glänzen ein herzquickendes liebliches Licht. Mein Haupt und Glieder, die lagen darnieder, aber nun steh ich, bin munter und fröhlich, schaue den Himmel mit meinem Gesicht... Die besten Güter sind unsre Gemüter ... usw.»

Damit hat die Klientin ausgedrückt, was sie vorher nicht in Worte fassen konnte.

Kommentar: Durch die Arbeit in der Einzeltherapie konnte die Klientin den Zugang zu einer positiven Einstellung zum Leben wieder finden. Durch die körperlichen Einschränkungen, die sie in den letzten Monaten in ihrer Selbstständigkeit zunehmend beeinträchtigt hatten, wurde sie immer passiver und versank in eine depressive Stimmung. Diese Einstellung und die Erinnerung an einen für sie bedeutsamen Liedtext sowie die Möglichkeit, dadurch die eigenen Gefühle auszudrücken, zeigen eindrücklich, dass die individuellen Ressourcen eine wichtige Rolle bei der Sinngebung und dem positiven Erleben spielen. Es gehört zu den Aufgaben der Therapeutin, diese zu erkennen und ihnen Raum zur Entfaltung zu geben.

Lösungsorientierung in der Aktivierungstherapie

3. Es ist hilfreich und nützlich, dem Gegenüber sorgfältig zuzuhören und ernst zu nehmen, was es sagt.

Grundsatz: In der Aktivierungstherapie ist es wichtig, sensibel zu sein und sich ernsthaft zu bemühen, die Handlungen, die Sprache, die Gedanken, die Gefühle und Ängste der Klienten/Klientinnen zu erkennen und zu verstehen. So kann die Lebensqualität trotz zum Teil erheblicher Einschränkungen gezielt gefördert werden. Die Aktivierungsfachfrau schenkt dem Klienten/der Klientin die uneingeschränkte Aufmerksamkeit. Sie nimmt die eigene Sicht zurück, um sich in den anderen hineindenken zu können. Das Zuhören ist dabei sehr wichtig.

Beispiel: «Sie sind für mich im Moment die wichtigste Person», erklärt die Therapeutin der Klientin Frau B. beim gemeinsamen Gespräch, das zuerst etwas stockend verläuft. Später erhält sie von der Klientin wesentliche Informationen, erfährt Dinge, die für die Klientin eine grosse Bedeutung haben und die zeigen, welche Bedürfnisse momentan im Zentrum stehen. Von Frau B. erfährt die Aktivierungstherapeutin beispielsweise, dass sie früher immer, wenn sie traurig oder unzufrieden war, zu Pinsel und Farbe gegriffen hat. Frau B. zeigt auf die selbstgemalten Bilder an den Wänden, um ihre etwas umständlich formulierten Erklärungen zu verdeutlichen. Auf diesen subtilen Informationen baut die Aktivierungstherapie auf; sie ermöglichen die Entwicklung von Zielen und Zukunftsbildern und darauf ausgerichtete Handlungen.

Kommentar: Bei Menschen mit Demenz zeigt sich oft eine gewisse Hilflosigkeit im kommunikativen Kontakt. Es soll vermieden werden, dass sich Klientinnen und Klienten aufgrund der Verarmung ihres Wortschatzes zurückziehen, weil die Sicherheit bei der Gesprächsführung fehlt, weil Worte gesucht werden müssen und weil dabei gerne der rote Faden verloren geht. Mit kurzen Wiederholungen oder dem Versuch, das begonnene Thema weiterzuführen, wird die Aufmerksamkeit kanalisiert und die Bereitschaft gezeigt, richtig zuzuhören und das Gegenüber ernst zu nehmen. Gefühle und Erleben finden ihren Ausdruck oft in der nonverbalen Sprache. Als Kommunikationspartnerin muss sich die Aktivierungsfachfrau stets vergewissern, dass sie die Aussagen, Andeutungen und Signale ihres Gegenübers richtig verstanden hat; dabei geht es um echte Anteilnahme. Dieses Erkunden (non-, para- und verbal) ist eine wichtige Grundlage für aktivierungstherapeutische Interventionen. Die Klientin im obigen Beispiel konnte oft nicht konkret aussprechen, wie es ihr im

Moment ging. Sie umschrieb, was sie gerne tat. Daraus folgte ein zielgerichteter aktivierungstherapeutischer Prozess, beispielsweise mit dem Mittel Malen.

4. Wenn du dich am Gelingen und an den nächsten kleinen Schritten orientierst, findest du eher einen Weg.

Grundsatz: In der aktivierungstherapeutischen Arbeit sollen sich die Klientinnen und Klienten immer wieder kompetent und erfolgreich erleben können, was eine positive Sicht auf sich selbst und die eigene Zukunft ermöglicht. Kleine und grössere Erfolge stärken Freude, Zufriedenheit und Optimismus. Es geht oft um kleinste Schritte, die nur mit Sensibilität und mit der erforderlichen Offenheit für Überraschendes wahrgenommen und gefördert werden können.

Beispiel: «Ich möchte heute nicht ins Singen kommen», erklärt eine Klientin vehement, «ich möchte jetzt einfach nichts tun». Die Therapeutin akzeptiert diesen Wunsch, lädt Frau M. aber ein, bei der nächsten Singstunde einfach zuzuhören. Damit sollte sie «gluschtig» gemacht werden. Später wird daraus ein Probesingen. Es braucht nicht lange und die anderen Sängerinnen und Sänger bauen eine Beziehung zur neuen, guten Sängerin auf. Ihre wohlklingende, volle Stimme wird gelobt, was wiederum motivierend auf Frau M. wirkt. Durch die wiedergefundene Freude am Singen und durch die zunehmende Sicherheit entsteht eine grössere Offenheit und die Klientin bemerkt mit der Zeit, wer alles im Chor mitmacht, und trifft dabei auch Bekannte.

Die kleinen Schritte haben sich gelohnt, denn in den nächsten Singstunden ist Frau M. eine motivierte und begeisterte Sängerin, die von diesem Zeitpunkt an regelmässig im Chor singt.

Kommentar: Die anfängliche Weigerung, an der Singstunde teilzunehmen, hat durchaus positive Aspekte, denn die Klientin hat dies selbstbestimmt entschieden und ihre Bedürfnisse zum Ausdruck gebracht. Nichtstun kann in gewissen Situationen auch bereichernd sein und sogar aktivierend wirken. Nicht alle geplanten Aktivitäten müssen unbedingt sofort umgesetzt werden. Vielleicht wird das Singen im Moment als Bürde erlebt. Deshalb muss das Heranführen behutsam und langsam geschehen. Dabei ist ein bewusstes, ziel- und prozessorientiertes Vorgehen wichtig. Mit dem Erkennen der Bedürfnisse und dem Verständnis für die momentane Situation kann die Aktivierungsfachfrau dazu beitragen, dass Klientinnen und Klienten befähigt werden, einen schrittweisen Zugang zu einer hilfreichen Ressource zu finden.

5. Nichts ist immer gleich, Ausnahmen deuten auf Lösungen hin.

Grundsatz: Kein Problem besteht andauernd; es gibt immer wieder Situationen, in denen das Problem gleichsam durchbrochen wird. Die Kenntnis solcher Ausnahmesituationen ermöglicht es der Aktivierungsfachfrau herauszufinden, warum das Problem in dieser oder jener Situation nicht auftaucht. Man muss also keine völlig neuen Lösungen entwickeln, sondern kann auf dem, was bereits – wenn auch als Ausnahme – funktioniert hat, aufbauen.

Beispiel: Frau L. spricht traurig und enttäuscht: «Jetzt kann ich nichts mehr, es hat keinen Wert mehr, ich mache nur noch Fehler, ich habe mein Leben lang immer schöne, kompliziert gemusterte Pullover gestrickt. Jetzt muss ich mit der Strickerei aufhören! Nie wieder werde ich stricken! Dabei hätte ich für meinen Urenkel so gerne etwas Schönes gemacht.»
 Eine verständnisvolle Reaktion der Aktivierungstherapeutin hilft, das Selbstwertgefühl wieder zu stärken, indem die bestehenden Fähigkeiten hervorgehoben werden: «Ich merke, dass es Ihnen heute nicht gelingt, so zu arbeiten, wie Sie es gerne hätten und wie Sie es von früher gewohnt sind. Heute ist der Wurm drin. Das passiert jedem von uns. Erinnern Sie sich noch an letzte Woche? Da haben Sie doch wunderbar gestrickt! Schauen Sie die schöne Weste, die Sie für ihren Urenkel begonnen haben.» «Das habe ich gemacht?» fragt die Klientin erstaunt. «Ja, das sieht doch toll aus!» Die Klientin lächelt und sagt: «Ich glaube, ich versuche es nochmals, ich möchte diese Weste fertig machen, das wird schon wieder gehen.»

Kommentar: Der teilweise Verlust der Fähigkeit, schöne Sachen zu stricken, und die hohen Erwartungen der Klientin an sich selbst wirken sich negativ auf die Selbstwahrnehmung, das Selbstbewusstsein und das Selbstwertgefühl aus. Sie fühlt sich als Versagerin. Ein Glück ist, dass sie sich zu ihren inneren Nöten äussern kann. So kann die Therapeutin die Trauer und die Frustration der Klientin besser erfassen und verstehen. Die Aktivierungsfachfrau hat die Aufgabe, nach Ansatzpunkten für positive Erfahrungen zu suchen und der Klientin Vorschläge zu machen, die sie nicht überfordern. Wichtig ist, dass trotz Verlust von Fähigkeiten positive Ansätze – eben Ausnahmen – erkannt werden. Darauf kann die Therapeutin aufbauen. Es gibt nämlich auch einfache Stricksachen und Muster, die gut aussehen und die Klientin ermutigen können. Es ist sinnvoller, ein erfolgreiches Verhalten zu verstärken oder eine gelungene Arbeit zu loben, als ein Problem beseitigen zu wollen.

6. Menschen beeinflussen sich gegenseitig. Sie kooperieren und entwickeln sich eher und leichter in einem Umfeld, das ihre Stärken und Fähigkeiten unterstützt.

Grundsatz: Damit Kooperation entsteht bzw. aufrechterhalten werden kann, braucht es die Beteiligung und den Einbezug der Klientinnen und Klienten: Die Klientinnen und Klienten müssen vom Thema berührt sein und sich persönlich angesprochen fühlen. Auch bei Menschen mit Demenz können die vielfältigen Möglichkeiten der Kommunikation, Interaktion und Kooperation genutzt werden. Sie bilden die Basis für eine wertschätzende Unterstützung, die auf den Ressourcen und auf den Stärken und Fähigkeiten der Klientinnen und Klienten aufbaut. Dabei spielen Emotionen oft eine grössere Rolle als rationale Überlegungen.

Beispiel: Frau M. ist eine Gruppenteilnehmerin in der kleinen Bewegungsgruppe. Es sind vier Frauen, die sich alle in einem fortgeschrittenen Stadium der Demenz befinden. Frau M. ist die zweitälteste Teilnehmerin; im Alltag hat sie Mühe, sich auszudrücken, und ringt oft nach Worten. Die Kommunikation verläuft zunehmend nonverbal über die Körpersprache. Emotionen wie Weinen, Abwehren, Angst, aber auch Unruhe und Verspanntheit zeigen sich vor allem in Situationen von Hilflosigkeit und Überforderung immer häufiger und stärker. Mit einer bewusst langen Kontaktaufnahme, zum Beispiel durch das Abholen aus dem Zimmer und das Innehalten auf dem Weg zum Therapieraum (z. B. am Fenster den Garten betrachten und Frau M. versichern, dass die Therapeutin sie wieder auf ihr Zimmer zurückbegleiten werde), kann die Klientin aktiviert werden. Mit der Zeit öffnet sie sich und stellt Augenkontakt her; dann macht sich auf ihrem Gesicht ein Strahlen breit, das Angst- und Stressmerkmale verschwinden lässt. So kann mit dem, was gerade passiert, in die Therapie eingestiegen werden.

Wenn die Kontaktaufnahme mit und durch die Aktivierungsfachfrau gelungen ist, kann die Klientin die Frauen in der Bewegungsgruppe mit ihrer Begeisterung für's «Turnen» anstecken. Eine wichtige Ressource von Frau M. ist nämlich ihre erstaunliche körperliche Beweglichkeit; damit kann sie aktiviert, abgeholt und eingebunden werden und mit den Erfolgserlebnissen in der Gruppe ihre Hilflosigkeit und Ängste für eine Zeit vergessen. Ihre spontanen Übungen werden durch Nachahmung sofort übernommen und von der Therapeutin lobend unterstützt. Immer, wenn Frau M. Zuwendung erfahren kann und sich getragen und verstanden fühlt, etwa indem die Aktivierungsfachfrau beim Abholen langsam und beruhigend mit ihr spricht oder eben bei der Möglichkeit zum Vorzeigen in der Gruppe, geht es ihr gut.

Kommentar: Das Wissen, dass sich Menschen gegenseitig beeinflussen, ist bei der Gruppentherapie wichtig. Die Aktivierungsfachfrau stellt sich deshalb die Frage nach der «Geschichte» der Gruppe. Sie macht sich Überlegungen zu Gruppenphänomenen wie Rollen, Entscheidungsformen u. a. m. und stellt diese in einen Zusammenhang: Wo können die Klientinnen und Klienten in der Gruppe selbstbestimmt handeln? Wo kann die Gruppe selbstwirksam tätig sein? Wo finden Vernetzungen statt? Was spricht Erinnerungen und Erfahrungen an? Was sind mögliche methodische Interventionen?

Die Aktivierungstherapie orientiert sich an der Themenzentrierten Interaktion von Ruth Cohn. Dabei wird aufgrund der gemeinsamen Interessen, Vorlieben, Ressourcen und Eigenschaften ein Thema ins Zentrum des aktivierungstherapeutischen Prozesses gestellt, das den gemeinsamen Fokus der Gruppe darstellt. So kann die Therapeutin auf Erfolg versprechende Weise ein Gespräch anfangen oder einen Kontakt herstellen. Verhalten, Handbewegungen, Worte oder Blicke, die von den Klientinnen und Klienten ausgehen, geben wichtige Hinweise, mit denen weitergearbeitet werden kann. Die Therapeutin ergreift die Initiative und nutzt dabei gezielt die Fähigkeiten und Ressourcen der einzelnen Klientinnen und Klienten bzw. der Gruppe. Auf der Grundlage der Beobachtungen der Aktivierungsfachfrau können nun adäquate situationsbezogene und unterstützende Interventionen vorgenommen werden.

7. Jede Reaktion ist eine Form von Kooperation, Widerstand auch.

Grundsatz: Mit dem Verständnis, dass jede Reaktion – selbst Widerstand – eine Form von Kooperation ist, ist es leichter, Lösungen zu finden. Heute wird «störendes» Verhalten als Reaktion auf das Umfeld der Klienten/Klientinnen verstanden, das in der Aktivierung produktiv genutzt werden kann.

Beispiel: Eine Klientin wandert unruhig, rufend und suchend umher. Sie will nach Hause, sie muss etwas erledigen, zum Rechten schauen. Die Verantwortung für die Kinder, für die Familie wird bei Frauen mit Demenz deutlich sichtbar. Der Wille, nach Hause zu gehen, setzt Energie frei und gibt Kraft und Ausdauer, dieses Ziel hartnäckig zu verfolgen. Die treibende Kraft dabei ist ein tief sitzendes Verantwortungsgefühl. Wenn dies nicht verstanden und wahrgenommen wird, kann Widerstand entstehen.

Die Klientin hört sehr gut. Die Aktivierungsfachfrau achtet darauf, dass sie nicht zu laut spricht, denn «die pflichtbewusste Mutter» ist eine ruhige, bedächtige Frau. Unruhe, Ängstlichkeit, Schreckhaftigkeit und Unsicherheit kamen erst mit der Demenz zum Vorschein. Mit einem freundlichen Ton, bewusster Gestik und mit ihrer Körperhaltung kann die Therapeutin Sicherheit vermitteln. Sie versucht, so zu reden, wie es die Klientin von ihrer Familie gewohnt ist. So baut sie Brücken, damit weniger Missverständnisse entstehen. Sie kann die Klientin mit vertrauten Sätzen und Worten berühren und sie so an der Hand nehmen. Im Sinne von: «Ich werde gut aufpassen, dass alles gut kommt.»

Kommentar: Damit die Aktivierungsfachfrau das Geschehen verstehen kann, muss sie über biografische Daten informiert sein. Persönliche Werte und viele Ereignisse im Leben eines Menschen sind wichtig, und zwar bei Menschen jeden Alters, auch bei Menschen mit einer Demenz. Wenn die kognitiven Fähigkeiten schwinden, die Lücken immer grösser und sichtbarer werden, kann der Klient/die Klientin in Angst und Panik geraten. Viele herausfordernde Situationen und Verhaltensweisen der Klienten/Klientinnen können als Reaktion auf die Einschränkung der persönlichen Freiheit verstanden werden. Widerstand ist eine mögliche Reaktion darauf. Der verständnisvolle, professionelle Umgang unter Einbezug der Basalen Stimulation und der Integrativen Validation hilft, die Kommunikation lösungsorientiert zu gestalten, und trägt zum Gelingen der therapeutischen Begegnung bei.

Autor

Markus Haldner

Sozialpädagoge, LOA-Trainer, lösungsorientierte Arbeit in agogischen Arbeitsfeldern, Leiter für Kurse und Schulung, ZLB Winterthur

Autorin

Barbara Krebs-Weyrich

Dipl. Aktivierungstherapeutin, Fachlehrerin medi, Aktivierung HF

Literatur

Baeschlin, Marianne & Baeschlin, Kaspar: Die Magie der Ziele. Wie (entmutigte) Kinder und Jugendliche zu eigenen Zielen kommen. Zentrum für lösungsorientierte Beratung, ZLB Winterthur. Online: www.zlb-schweiz.ch/pdf/downloads/magie der ziele.pdf [01.04.2012].

Baeschlin, Marianne & Baeschlin, Kaspar: Einfach, aber nicht leicht, Band 1. Selbstverlag ZLB, Winterthur, 2008.

Bamberger, Günther G.: Lösungsorientierte Beratung. Beltz, Weinheim, 2005.

De Shazer, Steve: Wege der erfolgreichen Kurztherapie. Klett-Cotta, Stuttgart, 1991.

Frisch, Max: Tagebuch 1946–1949, Gesammelte Werke Bd. 2. Suhrkamp, Frankfurt am Main, 1976.

Hüther, Gerald: Biologie der Angst. Wie aus Stress Gefühle werden. Vandenhoeck und Ruprecht, Göttingen, 2005.

Hüther, Gerald: Ohne Gefühle geht gar nichts! Worauf es beim Lernen ankommt. Vortrag, Freiburg, 2009, DVD.

Kim Berg, Insoo & Shilts, Lee: Der Woww Ansatz. Selbstverlag ZLB, Winterthur, 2005.

Mentha, Daniel: Neurobiologie und Lösungsorientierung. Online: www.hslu.ch/referat_mentha.pdf 2011 [01.04.2012].

Roth, Gerhard: Das Gehirn und seine Wirklichkeit. Kognitive Neurobiologie und ihre philosophischen Konsequenzen. Suhrkamp, Frankfurt am Main, 1994.

Roth, Gerhard: Persönlichkeit, Entscheidung und Verhalten. Warum es so schwierig ist, sich und andere zu verändern. Klett-Cotta, Stuttgart, 2007.

Sparrer, Insa: Einführung in Lösungsfokussierung und Systemische Strukturaufstellungen. Carl-Auer, Heidelberg, 2007.

Spitzer, Manfred: Wie lernt das Gehirn? Online: www.erasmus.hsnr.de/lernen/m13_Wie_lernt_das_Gehirn_Spitzer.pdf 2012, [01.04.2012].

Spitzer, Manfred: Lernen. Gehirnforschung und die Schule des Lebens. Spektrum Akademischer Verlag, Heidelberg, 2002.

Steiner, Therese & Kim Berg, Insoo: Handbuch lösungsorientiertes Arbeiten mit Kindern. Carl-Auer, Heidelberg, 2008.

Watzlawick, Paul et al.: Menschliche Kommunikation. Formen, Störungen, Paradoxien. Huber, Bern, 2000.

Watzlawick, Paul, Weakland, John H. & Fisch, Richard: Lösungen. Zur Theorie und Praxis menschlichen Wandels. Huber, Bern, 1974.

Lösungsorientierung in der Aktivierungstherapie

Lösung «Neun-Punkte-Problem»:

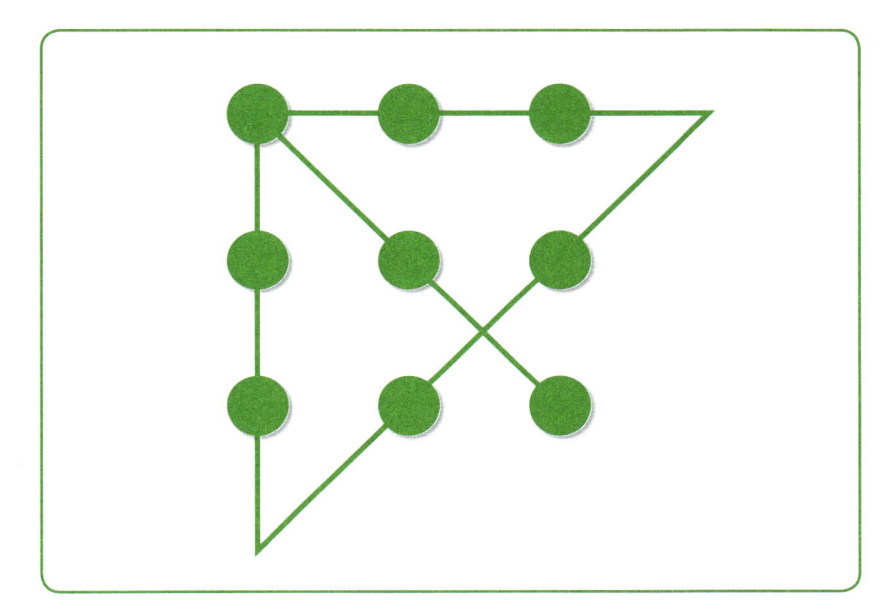

Für die Lösung des Problems muss man über das Quadrat hinausfahren, das durch die neun Punkte gebildet wird.

Integrative Validation
in der Aktivierungstherapie

Menschen mit einer Demenz leben mit uns. Was heisst dies nun für die Betroffenen, aber auch für die Personen, die sie begleiten und in ihrem Alltag unterstützen? Auf das Wort «Demenz» stossen wir heute immer wieder, in Zeitungsartikeln, in Fernsehsendungen, in Fachbüchern, aber vor allem in Altersinstitutionen. Dort existiert an vielen Orten eine spezialisierte Abteilung oder eine Wohngruppe für Menschen mit Demenz.

Das Wort «Demenz» macht vielen Angst. Was bedeutet das genau? Was passiert da? Wieso verhalten sich Personen plötzlich anders, als man sich das gewohnt ist? Viele kleine, alltägliche Dinge können nicht mehr umgesetzt werden. Die Gefühle schwanken wie auf einer Achterbahn. Betroffene und ihre Angehörigen sind oft hilflos.

«Demenzkrankheiten sind eine der grossen gesundheitspolitischen und sozialen Herausforderungen für unser Land. Heute leben in der Schweiz rund 110 000 Menschen mit Alzheimer oder einer anderen Form von Demenz. Die Alterung der Bevölkerung wird dazu führen, dass die Zahl der demenzkranken Menschen in den kommenden Jahrzehnten stark ansteigt: Im Jahr 2030 werden es voraussichtlich schon doppelt so viele sein und im Jahr 2050 bereits rund 300 000» (Schweizerische Alzheimervereinigung, 2012).

Menschen mit Demenz leben oft in einer eigenen Welt und benötigen eine wertschätzende Unterstützung in ihrer Lebensgestaltung. Viele Ressourcen sind noch vorhanden und können gefördert und unterstützt werden.

Die Integrative Validation IVA ist eine Methode, die sich auf die Ressourcen, Antriebe und Gefühle von Menschen mit Demenz konzentriert, unter Berücksichtigung der Biografie, der Lebensthemen, von Ritualen und Gewohnheiten. Sie setzt einen wertschätzenden Umgang mit dementen Menschen voraus, indem sie sich einfühlsam auf die Persönlichkeit und die Fähigkeiten konzentriert und ohne Fragen arbeitet. Sie bietet eine Möglichkeit für Betroffene,

Angehörige und Fachpersonen, die Demenz besser zu verstehen, Ressourcen wahrzunehmen und vielleicht den Mut für einen neuen Weg zu finden.

Die Pionierin der Validation ist Noemi Feil. Sie geht davon aus, dass Demenz aufgrund unerledigter Lebensaufgaben entsteht. Ihre Methode beruht auf einer Fragetechnik in der Kommunikation, wobei eine Begegnung mit Respekt und Würde immer im Vordergrund steht. Nicole Richard hat in den 90er-Jahren andere Schwerpunkte ausgearbeitet; sie geht von einem hirnorganischen Abbauprozess aus. Ihre Erfahrungen haben gezeigt, dass demente Menschen mit Fragen sehr schnell überfordert sind und uns nicht mehr verstehen.

Mit der Methode der Integrativen Validation können betreuende Personen die Betroffenen verstehen lernen und dementsprechend begleiten. Jeder Mensch ist anders und zeigt individuelle Interessen und Fähigkeiten. Dies anzuerkennen, ist der Grundstein der Begleitung und Betreuung. Werden diese Erkenntnisse berücksichtigt, kann dies für beide Seiten zu mehr Sicherheit und Zufriedenheit im Alltag führen. Gezielte Zusammenarbeit in der Aktivierung bereichert die Arbeit und optimiert die ressourcenorientierte Begleitung von Menschen mit Demenz.

Bedeutung einer Demenz für betroffene und begleitende Personen

Die beiden Ärzte Krämer und Förstl beschreiben die Demenz in ihrem Buch «Alzheimer und andere Demenzformen» wie folgt: «Der Begriff Demenz geht auf das lateinische Wort ‹mens› für ‹Verstand› oder ‹Geist› zurück und bedeutet ‹ohne Verstand› oder ‹ohne Geist› sein. Demenz steht nicht für eine bestimmte Krankheit, sondern ist eine Bezeichnung für eine Kombination von Beschwerden, die bei vielen Krankheiten vorkommen können. Bis vor wenigen Jahren lauteten weit verbreitete Ersatzbezeichnungen zum Beispiel ‹Verkalkung›, ‹Altersschwachsinn›, ‹Zerebralsklerose› oder ‹Senilität›. Meist wird der Begriff Demenz nur für stärker ausgeprägte Störungen der Leistungsfähigkeit des Gehirns benutzt» (Krämer & Förstl, 2008, S. 12).

Bei Demenz gehen also Fähigkeiten verloren. Diese Einschränkungen sehen bei jeder Person anders aus: reduzierte Fähigkeit, die richtigen Wörter zu finden und Dinge zu benennen, Orientierungsschwierigkeiten, mangelnde Merkfähigkeit, Erkennungs- und Handlungsstörungen usw. Dabei ist es wichtig, festzuhalten, dass alle Betroffenen noch viele Fähigkeiten besitzen und immer erwachsene Personen mit einer eigenen Persönlichkeit bleiben. Um in diese eigene Welt eines Menschen mit Demenz Einblick zu erhalten, haben wir nur die Möglichkeit, mit den Personen in Kontakt zu treten und sie in ihrer Welt zu begleiten. Beeindruckend sind die Bücher von zwei Betroffenen, welche die Fähigkeit zum Schreiben noch besitzen, im Alltag aber auf Unterstützung von ihren Partnern angewiesen sind. Sie beschreiben ihre Demenz anders, als Fachpersonen dies tun.

«Von meinem Standpunkt aus betrachtet, von dem einer Person, die mit dieser Diagnose lebt, wird der Bezeichnung, dem Namen und den meist mit dem Leiden einhergehenden Symptomen viel zu viel Bedeutung beigemessen, den Menschen dagegen, die die Krankheit haben, zu wenig» (Taylor, 2008, S. 42).

Christine Bryden beschreibt ihren alltäglichen Kampf so: «Ich denke langsam und linear, wie ein Schritt für Schritt sich träge ausrollender Teig. Ich habe nicht mehr die Lebendigkeit, Begeisterung und Zielstrebigkeit, die ich früher hatte. Mir fehlt es, gedanklich mit meinen Gesprächspartnern mitzuschwingen, wie die Bienen in einem Bienenstock allmählich miteinander warm zu werden. Mir fehlen der frühere Schwung und Elan, die Leidenschaft und der Antrieb, die mich einst ausgemacht haben. Ich bin mein früheres Selbst in Zeitlupe – nicht in physischer, aber in geistiger Hinsicht» (Bryden, 2011, S. 108).

Jede betroffene Person erlebt und beschreibt ihr Leben mit einer Demenz anders. Nie werden andere genau verstehen, wie sich ein Mensch mit Demenz fühlt. Was uns aber bewusst sein sollte, ist die Tatsache, dass solche Menschen ihr Leben meistern und wir die Gelegenheit bekommen, mit ihnen in Verbindung zu bleiben, ob das nun in unserer Realität oder in ihrer Welt passiert. Es ist wichtig, ihre Welt, ihr Hier und Jetzt zu verstehen, sie in ihren Stärken zu begleiten und sie dort zu unterstützen, wo sie auf unsere Unterstützung angewiesen sind.

Menschen mit einer Demenz zu begleiten, ist eine Aufgabe, die uns immer wieder herausfordert. Hier müssen Angehörige wie Fachpersonen neue Wege gehen.

Begleitende Personen stossen oft an die Grenzen der Belastbarkeit, denn betroffene Menschen reagieren oft anders, als wir es erwarten. Was heute gut geht, kann morgen völlig verschwunden sein. Jeder Tag ist anders, und diese Herausforderung nimmt nicht ab. Für Angehörige ist es sehr schmerzhaft, wenn sie vom Partner oder von der Partnerin nicht mehr erkannt werden. So wie jede/r Demenzerkrankte seine/ihre Krankheit anders erlebt, tun dies auch die Angehörigen. Es gibt kaum eine Familie, die mit der Thematik nicht konfrontiert ist oder es in Zukunft sein wird. Wie vielseitig Angehörige diese Zeit der Begleitung und Betreuung erleben, wird eindrücklich von Inga Tönnies in ihrem Buch «Abschied zu Lebzeiten» beschrieben.

Um eine ganzheitliche Sicht auf den Menschen mit Demenz zu gewährleisten, sind neben den zuständigen Fachpersonen auch die Leitung der Institution, das Gesamtteam, die Angehörigen und der Arzt bzw. die Ärztin einzubeziehen. Dazu sind eine gute Vernetzung und eine offene Kommunikation nötig. Wie werden Fachpersonen unterstützt? Stehen Gefässe für Austausch und Besprechungen zur Verfügung? Wie starr sind die Strukturen? Werden entsprechende Weiterbildungen angeboten? Findet eine Wertschätzung nicht nur gegenüber Klienten und Klientinnen statt, sondern spürt man die Wertschätzung auch im Gesamtteam? Mit solchen Fragen muss sich jede Institution auseinandersetzen, die demenzkranke Klientinnen und Klienten betreut.

Zusammenfassend lässt sich sagen, dass die Demenz nicht nur eine Person betrifft, sondern immer auch ihr gesamtes Umfeld.

Schwerpunkte der Integrativen Validation nach Richard®

Nach Nicole Richard stellen sich im Umgang mit Menschen mit Demenz u. a. die folgenden Fragen: Wie können professionelle Mitarbeiterinnen und Mitarbeiter sowie pflegende Angehörige Zugang zur Erlebenswelt von Menschen mit Demenz finden?

Wie kann sich der konkrete Umgang gestalten, wenn sich diese Personen in einer anderen Wirklichkeit befinden? Wie kann ich auf Menschen mit Demenz zugehen, Gespräche führen und mit ihnen im Austausch sein?

Die Integrative Validation hilft, hier Antworten zu finden, denn ihr Ziel ist, Personen in ihrem Sein zu unterstützen und zu bestätigen – ihre Erlebniswelt anzuerkennen.

Oft hört man, Validation bedeute, in den Schuhen des anderen zu gehen. Können wir das wirklich? Dazu meint Richard Taylor: «Man kann nie wirklich in den Schuhen eines anderen Menschen gehen. Trotzdem gilt, dass es beiden Seiten hilft, wenn sich Gesunde wirklich Mühe geben und versuchen, die Welt mit unseren Augen zu sehen und sich in die Lage von Leuten mit der Alzheimer-Krankheit hineinzuversetzen» (Taylor, 2008, S. 93).

Ressourcen

Konzentriert sich die Betreuung hauptsächlich auf die Defizite, entstehen in der Begleitung von Betroffenen oft Hilflosigkeit und Ohnmachtsgefühle. Gelingt es, die Ressourcen wahrzunehmen und die Interessen und Fähigkeiten einzubeziehen, findet eine Begegnung auf gleicher Ebene statt. Menschen mit Demenz werden bestärkt und es entsteht eine wertschätzende Beziehung. Ressourcen liegen in einer Schatztruhe, die jeder Mensch mit sich trägt. Auch bei Menschen mit Demenz ist diese Truhe nie leer. Unsere Aufgabe besteht darin, diese Truhe zu finden. Werden die vorhandenen Ressourcen aktiviert, fördert dies die Selbstständigkeit.

Zentrale Ressourcen liegen in den Antrieben und Gefühlen eines Menschen. Aus diesem Grund konzentriert sich die IVA bei Menschen mit Demenz auf die Antriebe und Gefühle. Diese zwei Ressourcen kommen immer wieder zum Tragen und können von Betreuenden wahrgenommen werden.

Ressource Antriebe
- angelegte Handlungsauslöser (z. B. eigener Wille)
- früh erlerntes Norm- und Regelgefüge (oft einer Epoche, einer Generation)
- lebensgeschichtliche Herleitung (Pflichtbewusstsein, Ordnungssinn)
- selbst erlernte Handlungsorientierungen (z. B. Mut, Optimismus)
- Motiv und Triebfeder des Handelns
- persönliche Ausprägung und Gestaltung

Ressource Gefühle
- direkter Ausdruck der momentanen Befindlichkeit
- als Reaktion auf Personen und Erfahrungen durch die Umwelt
- werden echt, spontan und pur vermittelt
- oft in Verknüpfung mit persönlichen Innenwelten
- Menschen mit Demenz orientieren sich an ihren persönlichen Gefühlen (z. B. Freude, Ärger, Angst, Misstrauen)

(Richard, Nicole: IVA Nachbearbeitungsskript Grundkurs, 2012)

Die IVA orientiert sich an der Erfahrungswelt der Menschen: Menschen mit Demenz äussern Gefühle (z. B. Trauer, Ärger, Freude) und haben Antriebe (z. B. Ordnungssinn, Pünktlichkeit, Sparsamkeit), die zunehmend im Zentrum ihres Erlebens und gleichzeitig die Grundlage ihres Verhaltens sind. Die IVA bestätigt und benennt Gefühle und Antriebe und erklärt sie für gültig. Der demente Mensch fühlt sich verstanden und ernst genommen. Da er Fragen oft nicht mehr beantworten kann, verzichtet die Methode auf Fragen. Gefühle und Antriebe werden in kurzen, wertschätzenden Sätzen bestätigt (z. B. «Sie haben gerne Ordnung.» «Sie kennen sich aus.» «Das macht Ihnen Freude.»).

Wenn wir auf die Person, die uns gegenübersteht, richtig eingehen wollen, ist es wichtig, Blickkontakt zu haben und unser Tempo anzupassen. Wir sind oft zu hektisch, zu schnell und mit unseren Gedanken schon zu weit. Menschen mit einer Demenz können uns so nicht folgen; dies kann negative Gefühle auslösen (Angst, Wut, Verzweiflung).

Wie werden Gefühle und Antriebe im Berufsalltag erkannt? Gefühle und Antriebe prägen unser Leben, sie sind ein Teil unserer Persönlichkeit. Ist ein Mensch sehr ordnungsliebend, so hält diese Person gerne Ordnung. Gegenstände sind an ihrem Platz, man geht nicht aus dem Haus, bevor es tipptopp aussieht. Antriebe begleiten uns durch unser Leben, manchmal ausgeprägter, manchmal weniger. Sie haben für uns Gültigkeit und sind uns wichtig. Dies ändert sich grundsätzlich nicht, wenn ein Mensch an einer Demenz erkrankt ist. Bei fleissigen Menschen ruhen die Hände nie; ist jemand grosszügig, gibt dieser Mensch Trinkgeld oder die Betreuungsperson bekommt eine Schokolade geschenkt. Antriebe zeigen sich also im Alltag – was eine Person macht und wie sie es macht.

Ebenso haben die Gefühle ihre Gültigkeit. Gefühle erkennt man an Körperhaltung, Mimik, Gestik, Tonfall und an den Worten einer Person. Demenzerkrankte vermitteln ihre Gefühle unmittelbar; so wissen die Betreuungspersonen, wie es einer Person geht.

Erlebniswelt

Wir versuchen, Menschen mit Demenz in ihrer Welt zu begleiten, denn wir haben die Fähigkeit, in ihre Welt einzutauchen und später wieder in die Realität zurückzukommen. Hat eine Person eine Merkfähigkeitsstörung, so bedeutet dies, dass das Erlebte gleich wieder vergessen wird. Stellen Sie sich vor, Sie machen einen Ausflug, fahren mit dem Zug, wandern durch einen wunderschönen Wald, geniessen bei der anschliessenden Schifffahrt die wärmende Sonne und schliessen mit Ihren Freunden den Tag mit einem köstlichen

Abendessen ab. Ein wunderschöner Tag mit vielen lustigen und fröhlichen Momenten. Nach zwei Stunden wissen Sie nichts mehr von dem Tag, er ist einfach ausgelöscht. So geht es Menschen mit Demenz Tag für Tag. Vielleicht bleibt gelegentlich etwas Kleines hängen, aber grundsätzlich wird alles Erlebte vergessen, sie befinden sich mehr und mehr in ihrer weit zurückliegenden Vergangenheit, denn diese ist noch gespeichert und wird zu ihrer Erlebniswelt. Da kennen sie sich aus und fühlen sich wohl. Diese Welt vermittelt ihnen Sicherheit und Geborgenheit. Die IVA anerkennt diese andere Wirklichkeit und begleitet Menschen mit Demenz darin.

Aus diesem Grund ist der Einbezug der Erlebniswelt ein fester Bestandteil der IVA. Gleiches gilt für die Auseinandersetzung mit den Lebensthemen.

Lebensthemen

Werden Menschen mit Demenz in ihren Lebensthemen begleitet, gibt man einer Person wieder einen Bezug zu sich selber, man bestärkt ihre Geschichte mit den Antrieben und den Gefühlen. In der Integrativen Validation geht es bei der Biografiearbeit nicht darum, die Vergangenheit aufzuarbeiten; es geht darum, die Person zu stärken, ihr Leben wertzuschätzen; es geht darum, jemandem wieder einen Bezug zu sich selber zu geben und gute Momente zu schaffen, damit er oder sie als Persönlichkeit wahrgenommen wird.

Die Arbeit mit Lebensthemen setzt voraus, dass man den Menschen kennt, die Person ganzheitlich erfasst und respektiert. Biografiearbeit heisst auch Fragen stellen: Was prägte die Person? Welche Antriebe zeigen sich durch das ganze Leben? Was ist jemandem wichtig? Wo liegt das Interesse der Person? Was beeinflusste die Lebensgeschichte? Wie wurde die Rolle als Frau oder als Mann gelebt?

«Die Lebensgeschichte macht einen Menschen aus einer anderen Perspektive sichtbar. In der Betreuung sieht man oft nur noch die Krankheit, das Alter und die Pflegebedürftigkeit. Eine Lebensgeschichte schafft Brücken zwischen Generationen, Kulturen und schlägt auch eine Brücke für Betreuende zu den Ressourcen von Menschen mit Demenz» (Tschudin, Verena, Skript Biografie, 2009, S. 1).

Verbale, nonverbale, paraverbale Kommunikation

«Die Sprache unseres Körpers, zu der Mimik, Gestik, Haltung und Bewegung gehört, ist meist, ausser es geschieht geplant, nicht bewusst. Während die verbale Kommunikationsfähigkeit im Verlauf der Demenzerkrankung grossen Veränderungen und Einbussen unterliegt, bleiben nonverbale und paraverbale

Ausdrucksmöglichkeiten erhalten. Im Gegenteil: Sie werden als Ausgleich stärker, authentischer. Sie können als neue Ressource des/r Demenzkranken verstanden werden.

Die Erfahrung der Lebens- und Wahrnehmungsumwelt ist ohne Kommunikation nicht möglich.» (Richard, Nicole: IVA Nachbearbeitungsskript Grundkurs, 2011, S. 11)

Wir kommunizieren auf drei Ebenen:
- verbal – die sprachliche Ebene, unsere Stärke
- nonverbal – unsere Körpersprache, Gestik und Mimik
- paraverbal – die Stimme, Betonung

Obwohl unsere verbalen Aussagen nur ca. 7 % unserer Kommunikation ausmachen und die Körpersprache und die Stimme mehr Gewicht haben, konzentrieren wir uns auf die Worte. Eine Stärke von Menschen mit einer Demenz liegt in der Wahrnehmung der nonverbalen und paraverbalen Ebenen. Betreuende müssen demnach vor allem authentisch sein und sich ihrer Körpersprache bewusst sein. Dies verlangt, dass sie sich selber reflektieren können sowie die Körpersprache schulen und diese im Alltag adäquat einsetzen. Wenn die Worte der Betreuenden nicht mit der Körpersprache übereinstimmen oder wenn ein nicht angepasster Unterton in der Stimme mitschwingt, kann dies bei dementen Menschen starke Gefühle wie Angst oder Wut auslösen.

Wenn wir die verbale Ebene benutzen, sind einige Regeln einzuhalten:
- Blickkontakt zu den Menschen mit Demenz halten
- Tempo anpassen – unser Gegenüber bestimmt das Tempo
- Kurze Sätze machen – wie viele Worte kommen noch an?
- Fragen vermeiden
- Antriebe und Gefühle benennen

Wichtige Merkmale der Integrativen Validation nach Richard®
Die wichtigen Merkmale der Integrativen Validation sind die oben erwähnten Punkte. Die Methode erleichtert die Begleitung von Menschen mit Demenz und macht deren Erlebniswelt verständlich.

Nicole Richard hat für einzelne Pflege- und Betreuungskräfte sowie für das Team eine klar nachvollzieh- und dokumentierbare Methode entwickelt.

Integrative Validation

- ist eine erlernbare Umgehensweise, die die intuitiven Fähigkeiten der Professionellen einbindet und das eigene Handeln bewusst macht.
- unterstützt planvolles Vorgehen im Team.
- berücksichtigt die Kraft und Vertrautheit von altvertrautem Sprachgebrauch, von Ritualen, der «Innenstruktur der Menschen mit Demenz», deren Lebensthemen und -geschichte.
- vermeidet Fragetechniken und Interpretationen – kann in kleinen Schritten für Menschen mit Demenz Folgendes erzielen: ein Gefühl der Zugehörigkeit, Ruhe, Sicherheit, Verminderung von Angst und Stress, wacheres Hiersein, Förderung der Kontakt- und Beziehungsaufnahme zu anderen, Schaffung einer Zuhause-Situation.

(Richard, 2012)

Ansätze und Methoden bei der Betreuung von Menschen mit Demenz

Zu einer ganzheitlichen Begleitung und Betreuung von Menschen mit Demenz gehören folgende Ansätze und Methoden:

- Aktivierungstherapie, Aktivierende Alltagsgestaltung
- Kinästhetik
- Basale Stimulation
- Integrative Validation
- Biografiearbeit
- Milieugestaltung

Diese Ansätze und Methoden lassen sich gut kombinieren. Bei allen Ansätzen geht es um die Förderung der individuellen Ressourcen; der Mensch steht im Mittelpunkt. Dies verlangt von den Betreuenden, dass sie die betroffenen Personen und ihr Leben anerkennen, ohne zu werten. Ein Leben prägt und es besteht nicht nur aus der Zeit, in der jemand auf Unterstützung angewiesen ist. Die Pflege und Betreuung konzentriert sich meist auf die Gegenwart; oft wird das ehemalige selbstständige Leben dabei nicht berücksichtigt oder sogar ausgeblendet. Menschen mit einer Demenz leben oft in der Vergangenheit, sie erinnern sich an gute alte Zeiten und das Hier und Jetzt wird rasch vergessen.

Die Begleitung von Menschen mit Demenz setzt Kenntnisse der verschiedenen Generationen, der Antriebe einer Person sowie ihrer Interessen voraus, nur so kann sie da abgeholt werden, wo sie sich befindet.

Institutionen können mit der Gestaltung der Räumlichkeiten ein grosses Mass an Sicherheit und Orientierung schaffen. Es lohnt sich, hier eine Fachperson beizuziehen.

In der Ausbildung zur Aktivierungsfachfrau HF/zum Aktivierungsfachmann HF wird auf die erwähnten Punkte grosses Gewicht gelegt. Die Kinästhetik unterstützt die Bewegung, die Sicherheit vermittelt und die Selbstständigkeit fördert. Durch die Basale Stimulation wird das Körpergefühl, das viele demenzerkrankte Personen verlieren, auf einer nonverbalen Ebene unterstützt und die Körperbiografie auf der Sinnesebene wieder spürbar gemacht. Die IVA ermöglicht den Zugang zur Erlebniswelt der Menschen mit Demenz. Diese drei Methoden verfügen über viele Gemeinsamkeiten und konzentrieren sich immer auf die Förderung der Ressourcen.

Die bereits erwähnte Christine Bryden betont in ihrer Schilderung, wie wichtig es ist, gut auf die Bedürfnisse der Betroffenen zu achten: «Die betreuenden Partner – Familie, Freunde, professionelle Betreuer und die Behörden – sollten sich bemühen, die Bedürfnisse der Betroffenen zu verstehen, vorhandene Fähigkeiten zu berücksichtigen und die Betreuung auf diese Bedürfnisse abzustimmen. Hören Sie aufmerksam zu, wenn wir versuchen, unsere Bedürfnisse und Fähigkeiten zu kommunizieren. Nur so können wir in Harmonie tanzen und unserer gemeinsamen Zukunft entgegengehen» (Bryden, 2010, S. 158).

IVA im Heim

Aufgaben, Aktivitäten, Anregungen, Bewegung und Beschäftigung: All dies gehört zu einem Leben, sonst kommt es schnell zu einem Gefühl der Nutzlosigkeit. Wenn wir unseren eigenen Alltag betrachten, so stellen wir fest, dass dieser mit Bewegungen, Aktivitäten usw. ausgefüllt ist. Wir gestalten unser Leben nach unseren Möglichkeiten und Interessen. Wir sind in eine Gemeinschaft und in die Gesellschaft integriert und leisten dabei unseren Beitrag. Dies ändert sich nicht, wenn eine Demenz das Leben beeinflusst. Das Dazugehören ist für jeden Menschen wichtig.

Um dies den Menschen mit Demenz zu ermöglichen, hat die Aktivierungsfachfrau HF/der Aktivierungsfachmann HF eine wichtige Funktion bei der ressourcenorientierten Betreuung. Die Ziele der Aktivierungstherapie sowie Mittel und Methoden bilden ein ganzheitliches Konzept, das die Klientinnen und Klienten mit eingeschränkten Ressourcen und Kompetenzen darin unterstützt, ihre Lebenssituation optimal gestalten und bewältigen zu können (Dilitz & Müller, 2011). Die Integrative Validation geht von diesen Zielen aus.

Yvonne Müller formuliert die positiven Wirkungen geeigneter Aktivitäten wie folgt: «Sie verhelfen der betroffenen Person dazu,
- ihre Fähigkeiten möglichst lange aufrecht zu erhalten. Aktivitäten wecken das Interesse und fördern die Aufmerksamkeit.
- sich zufriedener zu fühlen. Einfache Aufgaben füllen den Alltag mit Inhalten und stecken kleine Ziele.
- sich mit der Umgebung auszutauschen. Beschäftigungen helfen, Emotionen auszudrücken und sich mitzuteilen.»

(Müller, 2008, S.1)

IVA in der Alltagsgestaltung

Die Regeln und Begegnungsformen der IVA-Methode lassen sich gut in den Alltag integrieren. IVA benötigt keinen speziellen Platz und keine besondere Vorbereitung; sie kann in jede Begegnung einfliessen. Wichtig ist, dass wir innehalten, uns auf das Gegenüber konzentrieren und bei der zu betreuenden Person sind. Oft agieren wir zu schnell, zu hektisch und sind mit unseren Gedanken schon wieder weiter; wir spüren unsere Geschwindigkeit nicht mehr. Dies überträgt sich schnell auf Menschen mit Demenz. Sie wissen genau, wo wir stehen, und durchschauen uns oft. Wir müssen lernen, unser Tempo anzupassen und mit ihnen in Augenkontakt zu treten. Augenkontakt bedeutet: Wir sind bei ihnen in Tempo und Inhalt. Sie bestimmen das Tempo und den Inhalt, denn sie können uns in unserer hektischen Welt nicht mehr folgen.

Demente Menschen bringen oft unseren Tag durcheinander, denn wir haben unsere Ziele und Strukturen. Reflektieren wir unsere eigenen Antriebe und Gefühle und nehmen diejenigen unseres Gegenübers wahr, entstehen oft Widersprüche und Unvereinbarkeiten. Je besser wir die Gewohnheiten, Zeitabläufe und die jeweilige Tagesverfassung einer betroffenen Person wahrnehmen und berücksichtigen, desto einfacher ist die Begleitung. Das verlangt viel Flexibilität und Wertschätzung.

Validation beginnt in den kleinen Begegnungen des Alltags, sozusagen im Vorübergehen. Wir begrüssen einander, wechseln zwei, drei Worte, geben einander die Hand. Manchmal reicht schon ein Lächeln. Solche kleinen Momente sind genauso wichtig wie eine längere geplante Begegnung oder Aktivierung. Validation hat also nichts mit einem bestimmten Zeitpunkt oder einer bestimmten Dauer zu tun.

Wie können Begegnungen und Aktivitäten gestaltet werden?
Die Integrative Validation stellt die Person in den Mittelpunkt. Dies bedeutet, sich mit der Person auseinanderzusetzen. Was hat die Person geprägt in geschichtlicher, kultureller und familiärer Hinsicht? Wo liegen ihre Stärken und Interessen? Welchen Beruf hat eine Person ausgeübt, wo hat sie gelebt, was ist dieser Person wichtig? IVA arbeitet mit den Lebensthemen und bezieht diese immer wieder in den Alltag ein. Begegnungen können spontan stattfinden, aber auch gezielt mit Einbezug der Biografie, sie können Erinnerungen wecken oder stärken. Die Sinne werden mit bekannten Gegenständen, Düften, Bildern, Gesprächen, Musik, Gedichten usw. angeregt.

IVA in der Aktivierungstherapie

Eine therapeutische Begegnung beginnt immer damit, sich auf die Person einzulassen, ihr Tempo zu berücksichtigen und sich auf ihre Ebene zu begeben. Die Person wird in ihren Antrieben und Gefühlen bestärkt – da ist jemand, der mich versteht. Menschen mit Demenz haben ihre eigenen Ziele; diese sind nicht immer in Einklang mit unseren Zielen. Es kann passieren, dass jemand die Pflanzen wieder ausreisst, die kurz vorher gesetzt wurden, oder die neue Zeitung zerreisst, obwohl sie noch niemand angeschaut hat. Dies entspricht keineswegs unseren Vorstellungen über das Zusammenleben. Trotzdem müssen wir den Menschen mit Demenz erlauben, Dinge anders anzugehen.

Zwei Beispiele für Gestaltungsmöglichkeiten werden im Folgenden erläutert: ritualisierte Begegnung und Erinnerungskiste.

Ritualisierte Begegnung
Eine ritualisierte Begegnung läuft grundsätzlich stets gleich ab. Sie beginnt mit einer Begrüssung und endet mit einer Verabschiedung. Der mittlere Teil kann aus den immer gleichen Sätzen bestehen oder es können auch bekannte Gegenstände in die Begegnung mit einbezogen werden. IVA spricht hier von Erinnerungskisten. Dokumentierte, ritualisierte Begegnungen helfen den

Fachpersonen, Abläufe stets gleich zu gestalten, und geben den Menschen mit Demenz Sicherheit und Geborgenheit.

Begegnungen finden in allen Aspekten von Lebensthemen statt:
- Körperliche Bewegung (Spazieren, Gartenarbeit, Turnen usw.)
- Alltagstätigkeiten (Kochen, Werken, Staubwischen usw.)
- Musische Tätigkeiten (Musik hören, Musizieren, Malen usw.)
- Soziale Kontakte (Feste feiern, Haustiere, Gespräche, Gruppen usw.)
- Sinne (Fussbad, Massage, Düfte, Farben, Gegenstände zum Sammeln usw.)

Ritualisierte Begegnungen müssen folgenden Kriterien genügen:
- Sie müssen zu Beginn immer begleitet werden.
- Sie müssen im Team besprochen werden.
- Sie unterstützen die Person dabei, am täglichen Leben teilzunehmen.
- Sie müssen den Fähigkeiten angepasst werden.
- Sie berücksichtigen den Verlauf der Krankheit.

Erinnerungskiste
Mit einer Erinnerungskiste werden gute Erinnerungen geweckt und die Sinne angeregt. Der Inhalt bezieht sich auf ein Lebensthema der Person. Befindet sich eine Person zum Beispiel oft in ihrer Erlebniswelt als Wirtin oder Wirt, kann eine Erinnerungskiste folgende Gegenstände enthalten: Speisekarte, Besteck, Servietten zum Falten, Bilder einer Gaststube oder eine Weinkarte.

Erinnerungskisten können in einer Einzelbegleitung, aber auch in Gruppen eingesetzt werden. In der Aktivierungstherapie wird gezielt mit diesen Mitteln gearbeitet.

Teamunterstützung in der Betreuung von Menschen mit Demenz
Werden die Aktivierungsfachfrau HF oder der Aktivierungsfachmann HF mit ihrem Fachwissen in den Alltag einbezogen, ist dies für das Pflegepersonal eine wertvolle Unterstützung. Dazu braucht es eine teamübergreifende Kommunikation und eine wertschätzende Haltung gegenüber dem Gesamtteam. Alltagsaktivität gehört zum Leben und somit auch in eine Institution, in der Menschen mit Demenz betreut werden. Es ist die Aufgabe der Aktivierungsfachpersonen, die spezifischen Kenntnisse dem Team zugänglich zu machen und einen flexiblen, den Klienten und Klientinnen angepassten Tagesablauf mitzugestalten. Wenn dabei die jeweiligen Ressourcen der Teammitglieder genutzt werden, bringt dies eine stärkende und wertvolle Arbeitszufriedenheit.

Fazit

Es gibt immer mehr Menschen mit Demenz. Demenzkrankheiten sind eine grosse Herausforderung für unsere Gesellschaft, für Betroffene und Angehörige, aber speziell auch für Institutionen und Fachpersonen. Menschen mit Demenz haben zahlreiche Einschränkungen; sie haben aber auch immer Ressourcen. Dies eröffnet viele Möglichkeiten einer menschenwürdigen Begleitung und Betreuung. Die IVA bietet Methoden und Ansätze für eine entsprechende Förderung. Speziell in der Aktivierungstherapie kann mit einem professionellen Einsatz der IVA sehr viel erreicht werden.

> Die Erfahrungen aus der IVA unterstützen die dipl. Aktivierungsfachfrau HF/den dipl. Aktivierungsfachmann HF bei der differenzierten Formulierung der therapeutischen Ziele. Die Erkenntnisse aus der IVA erlauben der Aktivierungsfachperson zudem, diese für einen sorgfältigen Beziehungsaufbau und eine kontinuierliche Beziehungsgestaltung zu nutzen.

Letztlich erweitert die IVA die Möglichkeiten bei der Arbeit mit Angehörigen, zum Beispiel bei der Ermutigung oder Anleitung von Partnerinnen und Partnern oder Kindern von Klientinnen und Klienten. Dies macht den Umgang mit der Demenz für Betroffene, Angehörige und Fachpersonen nicht weniger ungewiss; es hilft jedoch, die vorhandenen Ressourcen wahrzunehmen und besser zu nutzen. Dies führt insgesamt zu einer Verbesserung der Gesamtsituation dementer Menschen.

Autorin

Verena Tschudin
Dipl. Betagtenbetreuerin, autorisierte Trainerin Integrative Validation, Dozentin medi, Aktivierung HF

Literatur

Bryden, Christine: Mein Tanz mit der Demenz. Trotzdem positiv leben. Huber, Bern, 2011.

Dilitz, Rita & Müller, Mirjam: Aktivierung, Aktivierungstherapie, Aktivierende Alltagsgestaltung – Grundlagen, Entwicklung und Begriffsklärungen. In: Zentrum für medizinische Bildung Bern, Bildungsgang Aktivierung HF (Hrsg.): Entstehung und Grundlagen der Aktivierungstherapie. hep verlag, Bern, 2011, S. 23–51.

Krämer, Günter & Förstl, Hans: Alzheimer und andere Demenzformen. Trias, Stuttgart, 2008.

Müller, Yvonne: Den Alltag aktiv gestalten. Schweizerische Alzheimervereinigung, Basel, 2008.

Richard, Nicole: IVA Nachbearbeitungsskript Grundkurs. Institut der Integrativen Validation, Kassel, 2011 und 2012.

Richard, Nicole: Online: www.integrative-validation.de [01.04.2012].

Schweizerische Alzheimervereinigung: Online: www.alz.ch/gesellschaft&politik [01.04.2012].

Taylor, Richard: Alzheimer und ich. Leben mit Dr. Alzheimer im Kopf. Huber, Bern, 2008.

Tönnies, Inga: Abschied zu Lebzeiten. Wie Angehörige mit Demenzkranken leben. Balancebuch + Medien Verlag, Bonn, 2007.

Tschudin, Verena: Biografie. medi, Zentrum für medizinische Bildung, Bildungsgang Aktivierung, Skript, Bern, 2009.

Basale Stimulation® in der Aktivierungstherapie

Was haben Basale Stimulation und Aktivierungstherapie miteinander zu tun? Beide sind als Konzept und Therapieform eigenständig, beide befassen sich unterstützend mit Menschen, die in ihrem Handeln, Wahrnehmen oder Kommunizieren eingeschränkt sind, und beide können zum Wohle der Betroffenen und im Sinne einer Synergie voneinander profitieren.

Aktivierungstherapie darf im vorliegenden Kontext als bekannt vorausgesetzt werden (Dilitz & Müller, 2011). Was aber ist Basale Stimulation? Basale Stimulation ist ein Konzept, das vor allem der Kommunikation mit stark wahrnehmungsbeeinträchtigten Menschen dient: Es ermöglicht Pflegefachpersonen und Angehörigen, über gezielte Berührung mit Betroffenen in einen elementaren Dialog zu treten, in dem der betroffene Mensch auf derselben elementaren Ebene antworten kann. Das Konzept bietet zudem eine strukturierte Anleitung, wie man die nonverbalen Mitteilungen des Körpers differenziert interpretieren, präzise benennen und mit Menschen, die der verbalen Sprache nicht mehr mächtig sind, in Beziehung bleiben kann. Letztlich aber geht es um Wahrnehmung, denn das bewusste und reflektierte Wahrnehmen ist die Grundlage einer jeden zielorientierten Interaktion und Intervention.

Die Absicht des vorliegenden Beitrages ist es, die Kernelemente der Basalen Stimulation vorzustellen, die für eine Umsetzung notwendigen Fachkenntnisse zu umreissen und exemplarisch aufzuzeigen, wie mit dem Konzept in der Aktivierungstherapie gearbeitet werden kann. Die exemplarischen Beispiele stammen aus narrativ erzählten Therapiegeschichten der diplomierten Aktivierungsfachfrau HF Romy Müller.

Basale Stimulation

Begriff
«Basal» (lat.) heisst je nach Interpretation «grundlegend», «fundamental», «elementar» oder «einfach». Das Konzept erweitert diese Bedeutung ganz bewusst um eine wichtige Dimension, die über den ursprünglichen Wortsinn hinausgeht: Im Zusammenhang mit den Zielsetzungen wird «basal» auch als «voraussetzungslos» verstanden.

«Stimulation», ebenfalls lateinischen Ursprungs, bedeutet «Anregung», «Anreiz», «Aufreizung», «Erregung», auch «Ermunterung», «jemanden in Stimmung bringen, auf etwas einstimmen» (Mathys & Straub, 2011, S. 40).

Entwicklung des Konzeptes
Zum deutlicheren Verständnis ist es sinnvoll, die Entstehung des Konzepts der Basalen Stimulation kurz zu skizzieren. Andreas D. Fröhlich, ein deutscher Heilpädagoge, entwickelte das Konzept ab 1975 im Rahmen eines Schulversuchs in einem Zentrum für körper- und mehrfachbehinderte Kinder und Jugendliche. Seine Grundannahme: Auch Menschen, die in ihrer Wahrnehmungsfähigkeit schwerst beeinträchtigt sind, können etwas wahrnehmen und darauf reagieren, selbst dann, wenn das äusserlich kaum zu erkennen ist. In der Folge begann er, diese Reaktionen und Signale systematisch zu erfassen, und entwickelte nachher auf der Basis der gesammelten Beobachtungen niederschwellige – eben «basale» – Kontaktangebote: Informationen, die es den Betroffenen ermöglichen, auf gleiche Weise und auf gleicher Ebene zu antworten.

In den Achtzigerjahren wurden die Prinzipien der Basalen Stimulation durch Christel Bienstein in enger Zusammenarbeit mit Fröhlich für die Pflege konzeptualisiert und weiterentwickelt (Bienstein & Fröhlich, 2010). Heute ist das Konzept in der pflegerischen Praxis im deutschsprachigen Raum weit verbreitet (Fröhlich, 2009, 2010; Schnell, 2004).

Seit rund zehn Jahren stossen die Prinzipien der Basalen Stimulation auch in der Aktivierungstherapie auf zunehmendes Interesse.

Menschenbild
Basale Stimulation definiert den Menschen aus einer systemischen Sichtweise; der Begriff «Ganzheitlichkeit» spielt daher eine zentrale Rolle. Menschen werden mit unterschiedlichen Fähigkeiten in diese Welt hineingeboren und

sind geprägt von unterschiedlichen Einflüssen; vom ersten bis zum letzten Lebenstag stehen sie in Interaktion mit ihren Bezugspersonen und ihrer personalen und dinglichen Umwelt. Als Individuen streben sie nach Autonomie und sind dabei zugleich Teil eines grösseren gemeinsamen Ganzen, eines Systems. Gleichzeitig bringt das Bedürfnis nach Autonomie im Sinne einer ausgleichenden Ambivalenz auch das Bedürfnis nach Nähe und Geborgenheit, nach Wertschätzung und Anerkennung mit sich (Fröhlich, 1998).

Dasselbe gilt auch für Menschen mit eingeschränkter Autonomie und reduzierter Wahrnehmungsfähigkeit. Im Verständnis der Basalen Stimulation wird eine Klientin oder ein Klient als gleichberechtigtes Gegenüber mit einer einzigartigen Biografie betrachtet. Das Prinzip der Gemeinsamkeit und des gemeinsamen Handelns ist folgerichtig ein zentraler Inhalt des Konzepts und widerspiegelt sich im Bestreben, eine von Respekt geprägte Beziehung zwischen Fachperson und betroffener Person aufzubauen: «Die Würde des Menschen ist unantastbar» – dieses Prinzip soll für jeden Menschen gelten, auch wenn er von Entwicklungsbeeinträchtigungen, Krankheit, Verwirrtheit betroffen ist oder wenn er sich im Koma befindet (Bienstein & Fröhlich, 2010).

Wahrnehmung und Wahrnehmungsbereiche

Wahrnehmung ist ein Phänomen von immenser Komplexität. Wir beschränken uns hier auf diejenigen Aspekte, die für die Basale Stimulation besonders relevant sind. Diese konzentriert sich vor allem auf die sensorische Wahrnehmung von Reizen durch die verschiedenen Sinne. Dabei ist für die Entwicklung der Wahrnehmungsfähigkeit auch die vorgeburtliche Erfahrung wichtig: Gerade in dieser Phase, im Schutze des Mutterleibes, werden initiale, unbewusste und stark prägende Sinneseindrücke erlebt, die im eigentlichen Wortsinn als basal zu bezeichnen sind. Es betrifft dies die drei Wahrnehmungsbereiche somatisch (körperbezogen), vestibulär (auf den Gleichgewichts- und Bewegungssinn bezogen) und vibratorisch (mechanische Schwingungen betreffend). Nach der Geburt muss die völlig veränderte Umgebung, die Aussenwelt, mit zusätzlichen Mitteln wahrgenommen, erkundet und erfahren werden. Dies geschieht über die Sinne des Sehens, Hörens, Tastens, Riechens und Schmeckens (Pickenhain, 1998). Durch die Stimulation dieser Sinne, die entweder durch das Individuum selber oder von der Umgebung her erfolgt, lernt der Mensch, sich in der Welt zurechtzufinden (Bienstein & Fröhlich, 2010).

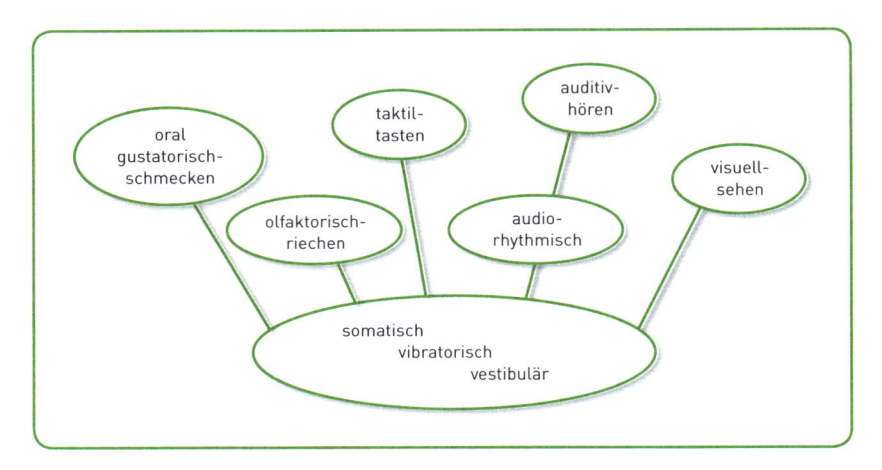

```
              auditiv-
              hören
        taktil-
        tasten                visuell-
   oral                       sehen
   gustatorisch-
   schmecken
                    audio-
       olfaktorisch- rhythmisch
       riechen

            somatisch
            vibratorisch
            vestibulär
```

Wahrnehmungsbereiche (nach Bienstein & Fröhlich, 2010)

Für das konzeptspezifische Verständnis des Begriffs «Wahrnehmung» bezieht die Basale Stimulation auch Erkenntnisse aus der Entwicklungspsychologie und der Erkenntnistheorie mit ein: Der Mensch kann bewusst zwischen Ich und Nicht-Ich unterscheiden und dadurch seine eigene Identität und zugleich ein Gegenüber, ein «Du», wahrnehmen. Durch das Gewahrwerden der eigenen inneren Welt, noch mehr aber durch den Dialog mit dem Du und der dinglichen Umwelt werden Lernen und Entwicklung möglich. Aus dieser Sicht sind Bewusstsein, Wahrnehmung, Lernen und Entwicklung ursächlich mit Kommunikation und im weiteren Sinne auch mit Bewegung verknüpft.

Sind Bewusstsein und Bewegungsfähigkeit eingeschränkt, verändert sich folgerichtig auch die Wahrnehmung. Bezüglich des Phänomens veränderte Wahrnehmung formulieren Bienstein & Fröhlich die Grundannahme der Basalen Stimulation wie folgt: «Wir gehen davon aus, dass Menschen auch in schwersten, sie beeinträchtigenden Situationen über ein elementares Bewusstsein […] verfügen» (2010, S. 113).

Körperverständnis

Aus der Perspektive der Basalen Stimulation gilt der Körper im ganzheitlichen Sinne als eine untrennbare Einheit von Leib, Seele und Geist (Schnell, 2004). Wenn im Kontext der Basalen Stimulation von «Körper» gesprochen wird, ist immer diese Gesamtheit gemeint.

Bezogen auf den Körper steht der gesunde Mensch mit sich selbst und der Umwelt über Bewegung und Berührung in einem stetigen, direkten Kontakt. Dabei spielen Körpergefühl und Körperbild eine Rolle.

Das *Körpergefühl* widerspiegelt die momentane Befindlichkeit des Körpers, es verändert sich bei jeder Bewegung und passt sich wechselnden Stimmungen und Situationen an; bei gleichbleibender Position jedoch – das ist im Konzept der Basalen Stimulation von grosser Bedeutung – geht es sehr schnell verloren: Schon nach 20 Minuten ruhigem Liegen nimmt der gesunde Mensch seine Körpergrenzen nicht mehr deutlich wahr. Wenn das Körpergefühl verloren geht, verliert der Mensch auch rasch zahlreiche Fähigkeiten und Fertigkeiten wie etwa zielorientierte Lageveränderung oder exaktes Greifen. Ein solcher Negativkreislauf kann durch pathophysiologische Prozesse massiv beschleunigt werden (Bienstein & Fröhlich, 2010).

Das *Körperbild* bezeichnet die Vorstellung, die sich der Mensch von seiner eigenen physischen Erscheinung macht: Die im Laufe des Lebens entstehende mentale Repräsentation beeinflusst unser gesamtes unbewusstes und bewusstes Verhalten. Sie bestimmt die Körperselbstwahrnehmung, das Selbstwertempfinden, das Ich-Bewusstsein sowie das Kommunikationserlebnis. Es handelt sich um ein dynamisches Geschehen, das in aktiver Auseinandersetzung mit der Umwelt immer wieder überprüft und angepasst werden muss (Pickenhain, 1998).

Der Körper spielt in der Basalen Stimulation eine absolut zentrale Rolle, denn das Konzept fokussiert sich explizit auf die Interaktion mit Klientinnen und Klienten, deren verbale Kommunikation stark eingeschränkt ist. So nutzt die Basale Stimulation konsequent den Zugang über den Körper: Der Körper wird in diesem Falle zum wichtigsten Kommunikationsinstrument.

Kommunikation wird in einer systemischen Sichtweise als komplexe Verflechtung von Wahrnehmung, Kognition, Sozialerfahrung, Gefühlen, Bewegung und Körpererfahrung interpretiert (Fröhlich, 1998). Höchste Wichtigkeit kommt dabei der zwischenmenschlichen Beziehung zwischen Betroffenen und Unterstützenden zu, wie das im Übrigen auch für die Aktivierungstherapie gilt (Hefti Kraus, 2011).

Im Zusammenhang mit dem Körper bedeutet Kommunikation in der Basalen Stimulation, sich der einfachsten und elementarsten Möglichkeiten zu bedienen, um mit betroffenen Menschen «voraussetzungslos» in Kontakt zu treten. Voraussetzungslos heisst, ohne Forderungen an sie zu stellen und ohne stillschweigende Voraussetzungen zu formulieren oder damit Ziele zu verfolgen – die Betroffenen brauchen keine Leistung zu vollbringen, kein bestimmtes Verhalten wird erwartet, sie müssen sich nicht einmal kooperativ oder offen zeigen: «Im körperlichen Zustand zeigen sie, dass sie physisch anwesend und mit dieser Welt aufs engste verbunden sind: Kommunikation findet in der Akzeptanz dieser körperlichen Existenzform statt» (Bienstein & Fröhlich, 2010, S. 16).

Diese Erkenntnisse lassen sich problemlos auf Menschen jeden Alters, insbesondere auf Menschen mit Demenz oder anderen neurodegenerativen Erkrankungen und Beeinträchtigungen übertragen. Denn trotz massiver Einschränkungen verfügen diese Menschen nach wie vor über eine Vielzahl fundamentaler Kompetenzen wie
- elementare Prozesse aufrechterhalten,
- in neuen Situationen unter erschwerten Bedingungen überleben,
- sich aktiv schützen können bei Dysregulation (z. B. sich zurückziehen, Stereotypien entwickeln),
- körpernahe Wahrnehmungen registrieren,
- mit dem Körper kommunizieren,
- glücklich und zufrieden sein oder Leid und Trauer erfahren können.

Mithilfe dieser Ressourcen senden die Betroffenen situationsspezifische Signale aus und verwenden dazu die Sprache ihres Körpers – eine Bewegung, eine Tonusveränderung, eine Modifikation des Atemrhythmus, eine Änderung der Körperposition, eine minimale Kopf- oder Augenbewegung. Diese oft kaum merklichen Zeichen wahrzunehmen und richtig zu interpretieren, setzt grosse Achtsamkeit und spezifisches Fachwissen voraus.

Zentrale Ziele

Ein wichtiger konzeptspezifischer Begriff sind die «zentralen Ziele», die allerdings nicht mit Therapie- oder Pflegezielen gleichzusetzen sind. Die zentralen Ziele der Basalen Stimulation beziehen sich im ganzheitlichen Sinn auf die existenzielle – eben die zentrale – Ebene des Menschseins, sie stellen Lebensthemen, Weiterentwicklung und Entwicklungsprozess in einen weitgefassten, biografischen Rahmen, der über die momentane Situation hinausgeht. Die Basale Stimulation geht gemäss ihrer Grundannahme davon aus, dass sich auch schwerst beeinträchtigte Menschen letztlich zielorientiert verhalten und auch so kommunizieren (Bienstein & Fröhlich, 2010; Bartoszek

& Nydahl, 2007). Um jemanden in einer solchen Situation kompetent und reflektiert begleiten und unterstützen zu können, müssen wir seine momentanen, aber auch seine übergeordneten Ziele kennen oder zumindest erahnen.

«Die zentralen Ziele stellen die Erlebniswelt des betroffenen Menschen in den Mittelpunkt: Sie umschreiben die für ihn im Augenblick zentralen Themen. Erkennbar werden sie aus seinem Verhalten und dem damit verbundenen verbalen oder körpersprachlichen Ausdruck» (Mathys & Straub, 2011, S. 54). Diese bedeutungsvollen Ziele weisen auf etwas Wichtiges, Erstrebenswertes hin, das nach Realisierung verlangt. Beim Festlegen der zentralen Ziele der Klientinnen und Klienten kann es sich allerdings nur um Annahmen handeln, um Arbeitshypothesen. Dazu müssen die Aktivierungsfachpersonen ganz bewusst die Perspektive des Klienten/der Klientin einnehmen. Da wir aber Zeichen und Signale eines Gegenübers immer selektiv wahrnehmen, und zwar abhängig von unseren Wahrnehmungsfähigkeiten, unserem Fachwissen und unserer Befindlichkeit, können wir uns der Wirklichkeit eines anderen Menschen immer nur annähern: Ein verifiziertes zentrales Ziel bleibt immer bis zu einem beträchtlichen Grade eine Interpretation. Der therapeutische Prozess versucht, diese Zielerkennung und -formulierung für einen anderen Menschen mit geeigneten Methoden und Techniken zu unterstützen. Jedes zentrale Ziel hat charakteristische Merkmale, die in folgender Tabelle aufgeführt sind.

Zentrales Ziel	Erkennungsmerkmale / Kriterien
1. Leben erhalten und Entwicklung erfahren Der Klient/die Klientin erlebt sich trotz existentieller Beeinträchtigung als eigenaktive und wertgeschätzte Person, die über die grundlegende Richtung ihrer Entwicklung, ihr Leben oder Sterben mitentscheidet.	▪ Die vorhandenen Ressourcen sind erkannt und werden zielgerichtet gefördert. ▪ Das Erleben wird wahr- und ernstgenommen und in seiner Entwicklung begleitet. ▪ Atem, Herzschlag/Puls, Tonusveränderungen, Bewegungen werden als Mittel zur Kommunikation erkannt. ▪ Die Nahrungsaufnahme wird als essentieller Baustein des Lebens gestaltet.
2. Das eigene Leben spüren Der Klient/die Klientin erfährt sich selbst als Einheit und erlebt sich zugleich als abgrenzbar zur Umwelt.	▪ Der Körper mit seinen Möglichkeiten wird mittels Spür- und Bewegungsinformationen erfahrbar gemacht. ▪ Die Erfahrung des eigenen Körpers in Abgrenzung zur Umwelt wird ermöglicht.

Zentrales Ziel	Erkennungsmerkmale / Kriterien
3. Sicherheit erleben, Vertrauen aufbauen Der Klient/die Klientin kann Vertrauen aufbauen, weil er/sie sich sicher fühlt und zugewandte, verlässliche Reaktionen seiner/ihrer Bezugspersonen erlebt.	▪ Die Achtsamkeit der Aktivierungsfachperson fokussiert auf den Prozess: Jedes Zeichen wird als Ausdruck von Sicherheit oder Verunsicherung erkannt. ▪ Das Anbahnen jeder Aktivität ist auf die momentane Befindlichkeit zugeschnitten. ▪ Der therapeutische Prozess wird eindeutig und verlässlich strukturiert.
4. Den eigenen Rhythmus entwickeln Der Klient/die Klientin lebt gemäss seinen/ihren individuellen körpereigenen, sozialen und persönlichkeitsspezifischen Rhythmen und kann diese bei Veränderungen seiner/ihrer Lebenssituation beibehalten oder seinen/ihren Bedürfnissen anpassen.	▪ Die Aktivierungsfachperson erfasst und berücksichtigt die verschiedenen Rhythmen. ▪ Der Erhalt oder die individuelle (Neu-)Ausrichtung bedeutsamer Rhythmen wird durch die situative Anpassung von wiederkehrenden Abläufen und Strukturen sichergestellt (Aktivität/Passivität, Wachsein/Schlafen, Alleinsein/Kontakt und Austausch, Befindlichkeitsschwankungen).
5. Das Leben selbst gestalten Der Klient/die Klientin verleiht seinen/ihren Vorstellungen über sich und seine/ihre persönliche Umwelt Ausdruck und erlebt damit einen möglichst selbstbestimmten Alltag.	▪ Bei der Gestaltung des persönlichen Alltags und Umfeldes wird ein Höchstmass an Selbst- und Mitbestimmung ermöglicht (Sozialkontakte, Tagesablauf, Interessen und Vorlieben leben, Zimmergestaltung, Essenswahl).
6. Die Aussenwelt erfahren Der Klient/die Klientin tritt und bleibt in Austausch mit seiner/ihrer personellen wie dinglichen Umwelt und gewinnt so in ihr Orientierung für sein/ihr Leben.	▪ Alltägliche Situationen werden so gestaltet, dass die Aussenwelt als sinngebend erlebt werden kann. ▪ Anregende Umgebungsfaktoren werden einbezogen, störende eliminiert. ▪ Wichtige Umwelterfahrungen werden ermöglicht.
7. Beziehung aufnehmen, Begegnung gestalten Der Klient/die Klientin erlebt sich als aktive/n Kommunikationspartner/in.	▪ Der therapeutische Beziehungsprozess orientiert sich an den Äusserungen und Möglichkeiten des Klienten/der Klientin. ▪ Die Aktivierungsfachperson ist auf die momentanen Bedürfnisse des Klienten/der Klientin fokussiert. ▪ Die therapeutische Beziehung ist von Wertschätzung und Empathie geprägt.

Zentrales Ziel	Erkennungsmerkmale / Kriterien
7. Beziehung aufnehmen, Begegnung gestalten Der Klient/die Klientin erlebt sich als aktive/n Kommunikationspartner/in.	▪ Die angemessene Nähe und Distanz für eine professionelle Beziehung ist gewahrt. ▪ Beziehungen und Beziehungsgestaltung mit den Angehörigen sind möglich und werden unterstützt. ▪ Begegnungen mit Tieren, Pflanzen und dinglichen Gegenständen werden unterstützt.
8. Sinn und Bedeutung geben und erfahren Der Klient/die Klientin interpretiert sein/ihr Leben und Handeln auf seine/ihre individuelle Weise.	▪ Die individuelle Wirklichkeit und der subjektive Sinn von Verhaltensweisen werden wahrgenommen und respektiert. ▪ Der Prozess der Lebensgestaltung, der allfälligen Krisenbewältigung und die Sinnsuche werden begleitet.
9. Selbstbestimmung und Verantwortung leben Der Klient/die Klientin kann auf seine/ihre Weise für sich selber und andere Verantwortung übernehmen.	▪ Die noch vorhandenen Fähigkeiten werden im Sinne einer grösstmöglichen Selbstständigkeit gefördert. ▪ Wahlmöglichkeiten und das Ausloten von Handlungsspielräumen werden gefördert. ▪ Individuelle Bedürfnisse können so weit als möglich realisiert werden. ▪ Das Übernehmen von Aufgaben, die den Fähigkeiten des Klienten/der Klientin entsprechen, wird unterstützt.
10. Die Welt entdecken und sich entwickeln Der Klient/die Klientin kann aktiv Neues erkunden oder erfahren.	▪ Es werden neue Interessen erkannt und aufgenommen. ▪ Es werden neue Perspektiven und Möglichkeiten zur Auswahl angeboten. ▪ Lernprozesse, «Entdeckungsreisen» werden ermöglicht und angepasst unterstützt.

Die zentralen Ziele der Basalen Stimulation, modifiziert für die Aktivierungstherapie (Mathys & Straub, 2011, S. 55–56)

Berührung

In der Basalen Stimulation ist die Berührung das wichtigste Kommunikations-«Instrument». Bei der Berührung handelt es sich um ein Erfahrungsgeschehen, das über den Tastsinn erfolgt und mit sensorischen, motorischen und affektiven Anteilen verbunden ist. Die Haut als «Heimat» des Tastsinns ist gleichzeitig unser grösstes Sinnesorgan; beim Erwachsenen beträgt die Gesamtfläche immerhin eineinhalb bis zwei Quadratmeter und birgt etwa fünf Millionen Sinneszellen, die in unterschiedlicher Dichte verteilt sind; so weisen beispielsweise die Finger deutlich mehr Sinneszellen als der Rücken auf. Diese spezialisierten Rezeptoren werden durch mechanische oder thermische Reize erregt und liefern so dem Tastsinn laufend Informationen. Der Tastsinn bezeichnet die Fähigkeit, über diese Senso-Rezeptoren Berührungen aller Art wahrzunehmen. Die Rezeptoren ermöglichen aber nicht nur das Wahrnehmen von Hautempfindungen – Berührungen, Wärme, Kälte, Schmerz –, sondern auch das Ermitteln der Oberflächenbeschaffenheit von berührten Objekten: hart, weich, elastisch, klebrig, flüssig usw. (Jecklin, 2008).

Bedeutung der Berührung
Berührung, sei es in aktiver Form über das Betasten oder in passiver Form durch das Berührtwerden, ist für den Menschen lebenswichtig: «Berührungen finden nicht bloss an der Oberfläche statt, sie streifen nicht bloss die Haut der Dinge und die Haut des Leibes, sie gehen in die Tiefe» (Waldenfels, 2002, S. 83). Und besonders bedeutsam im Konzept der Basalen Stimulation: Berührung löst immer eine Reaktion aus, sowohl bei der Person, die berührt wird, wie auch bei der Person, die berührt.

Berührung und Raumwahrnehmung
Relevant für das Phänomen Berührung ist auch die räumliche Dimension: Jeden Menschen umgibt eine «Raumhülle», der sogenannte peripersonale Raum. Damit ist die unsichtbare Zone gemeint, die sich bis zu einer Armlänge rund um den Körper erstreckt. Nur innerhalb dieser Zone sind im physischen Sinne Berühren und Berührtwerden überhaupt möglich. Der peripersonale Raum ist allerdings nicht statisch, sondern bis zu einem gewissen Ausmass elastisch: Die Armreichweite und damit die Tastsensorik lassen sich erweitern, indem etwa Hilfsmittel in den Händen gehalten werden – ein klassisches Beispiel ist die Verwendung eines Schreibstiftes. In diesem Falle reicht unsere

Raumwahrnehmung bis zur Spitze des Schreibutensils und letztlich bis auf das Papier, das soeben beschrieben wird (Blakeslee & Blakeslee, 2009). Das Wahrnehmen des peripersonalen Raumes ist sowohl eine Schutz- wie auch eine Orientierungsfunktion, die Voraussetzung ist, um Berührungsaktionen gezielt ausführen oder eben vermeiden zu können. Ist diese Wahrnehmung normal ausgebildet, kann eine Berührung schon in der Annäherungsphase erkannt oder zumindest erahnt werden. Das heisst, dass bei Berührungsarbeit mit Betroffenen diese nach wie vor erhaltene Wahrnehmungsfähigkeit bezüglich des peripersonalen Raumes sorgfältig zu beachten ist, damit die Berührung nicht als Übergriff empfunden wird (Routasalo, 1996).

Berührung als Kommunikation

Berührung hat immer auch mit Kommunikation zu tun, denn jede Berührung transportiert wie das gesprochene oder geschriebene Wort eine Botschaft (Helmbold, 2007) und ist zudem bipolar gerichtet: Wie oben bereits angetönt, steht Berührung immer in einer Wechselwirkung von berührender Person und berührter Person – es ist unmöglich, jemanden zu berühren, ohne selber einen Berührungseffekt zu erleben (Schürenberg, 2004). In diesem taktilen Kontakt werden beidseitig zahllose Informationen ausgetauscht. In jedem Falle können wir durch einen Berührungskontakt, und sei er von noch so kurzer Dauer, etwas über das Gegenüber erfahren – die Frage ist nur, ob uns das überhaupt bewusst wird und ob wir das Wahrgenommene dann auch reflektieren. Durch den Rückkoppelungseffekt wird uns gleichzeitig die Möglichkeit geboten, auch etwas über uns selber, unsere Befindlichkeit, im besten Falle auch über die Gründe unserer Reaktion zu erfahren. Berührung kann unzählige Botschaften übermitteln und ganz unterschiedliche Qualitäten aufweisen; das Spektrum reicht vom Ausdruck innigster Zuneigung über formal-ritualisierte Berührungen bis zu Grenzüberschreitung und offener Gewalt. Es ist gerade im therapeutischen Bereich enorm wichtig, sich immer wieder bewusst zu sein, dass jede Art von Berührung ein Informationsträger ist und selbst gut gemeinte Berührungen als Übergriff oder gar Bedrohung erlebt werden können (Routasalo, 1996).

Berührung und Beziehung

Basale Stimulation schafft durch den unmittelbaren Berührungskontakt eine grosse körperliche Nähe zwischen den Klientinnen und Klienten und der Aktivierungsfachperson. Diese Nähe ist eines der zentralen Elemente, die zum Aufbau der gewünschten professionellen Beziehung zwischen Fachperson und Klienten/Klientin führen. Dieses Ziel ist der Aktivierungstherapie (Hefti Kraus, 2011) und der Basalen Stimulation gemeinsam. Durch den häufigen und intensiven Körperkontakt kann eine emotionale Nähe entstehen, die die persönliche Beziehung vertieft und ein enormes entwicklungsförderndes Potenzial besitzt. Allerdings ist die Grenze von professioneller Empathie zu persönlicher Sympathie fliessend: Im beruflichen Kontext ist emotionale Nähe nicht unproblematisch, denn sie muss nicht zwingend auf Gegenseitigkeit beruhen, was zu Konflikten führen und die Grenzen des professionellen Settings überschreiten kann. Ist emotionale Nähe entstanden – was keineswegs etwas Negatives sein muss –, so ist es für die Fachperson besonders wichtig, die Prinzipien der professionellen Beziehung zu reflektieren und die Grenzen zwischen beruflicher und privater Beziehung stets von Neuem zu überprüfen (Hannich, 2007).

Berührung und Achtsamkeit

Achtsamkeit meint die Präsenz im Hier und Jetzt, ohne die Erwartung eines vorgefassten Ergebnisses. Achtsamkeit bedeutet somit, bewusst auf die eigenen Gedanken und Gefühle zu achten und diese zu reflektieren, ohne sie gleich zu beurteilen (Weiss & Harrer, 2010).

Die achtsame Beobachtung erfolgt aus einer wohlwollenden Haltung heraus und sucht an der Erfahrung des Gegenübers teilzunehmen, bleibt aber unvoreingenommen und offen: «Achtsamkeit ist das Bemühen, jemanden wertzuschätzen, ihn nicht ins Leere laufen zu lassen, ihn zu bewahren, wovor er sich selbst nicht schützen kann. Achtsamkeit verfügt nicht über andere» (Fröhlich, 2009, S. 31). Dies gilt im Besonderen für die körperliche Berührung.

Nähe und Distanz
Zur Achtsamkeit in Bezug auf Berührung gehört vor allem das Respektieren persönlicher Bedürfnisse bezüglich Nähe und Distanz. Wir orientieren uns an folgenden Prinzipien:
- Die Grenze des persönlichen Bereichs liegt individuell zwischen einem und zwei Metern.
- Die Grenze vom öffentlichen zum persönlichen Bereich ist am Anfang eines Kontaktes durch die Aktivierungsfachperson zu überprüfen.
- Erst die Erlaubnis der Klientin/des Klienten – verbal oder nonverbal ausgedrückt – legitimiert die Aktivierungsfachperson, die Grenze des persönlichen Bereichs zu überschreiten.

- Der persönliche Bereich ist bei Menschen mit bekannten Problemen im Umgang mit Nähe besonders zu respektieren (Psychiatrie, Psychosomatik).
- Vorlieben und Abneigungen bezüglich Nähe, Distanz und Berührung sind genau zu beobachten und wenn möglich mit der Klientin oder dem Klienten zu besprechen.
- Das Zimmer allgemein, im Besonderen das Bett und der Nachttisch liegen im persönlichen Bereich der Klientin oder des Klienten, was von den Aktivierungsfachpersonen zu respektieren ist.

Berührung und Körperhaltung

> In einer Arbeit, die primär über den Körper stattfindet, gilt es in erhöhtem Masse, sich der eigenen Körperhaltung und der damit aufs engste verbundenen Befindlichkeit und Gefühle bewusst zu sein, um diese nicht unreflektiert auf das Gegenüber zu übertragen.

Die Wichtigkeit dieses Bewusstseins wird durch das relativ neu entdeckte System der Spiegelneuronen gestützt (Rizzolatti & Sinigaglia, 2008). Die Forschungsergebnisse besagen, dass wir über eine Art neurobiologische Resonanz verfügen. Resonanz bezieht sich in diesem Falle auf die Fähigkeit, sich auf den emotionalen oder körperlichen Zustand eines Gegenübers «einzuschwingen» (Zaboura, 2008). «Verantwortlich ist ein Resonanzsystem im Gehirn, das Signale empfängt, interpretiert und in Reaktionen umsetzt, wenn jemand eine Handlung oder eine Stimmung einer anderen Person beobachtet. Das Faszinierende dabei ist, dass die beteiligten Nervenzellen – die Spiegelneuronen – genauso reagieren, wie wenn der Beobachter das Gesehene selbst ausgeführt oder gefühlt hätte: Das Gesehene wird im Gehirn des Betrachters ‹gespiegelt›. Spiegelneuronen sind demnach Nervenzellen, die im eigenen Körper bestimmte Handlungsprogramme realisieren und auch aktivieren können, selbst wenn diese bloss beobachtet, gehört oder auf eine andere ‹passive› Weise miterlebt werden (Rizzolatti & Sinigaglia, 2008). Dieser Vorgang, der noch nicht mit letzter Sicherheit erklärt werden kann, macht offensichtlich den Menschen auch zu einem mitfühlenden Wesen (Blakeslee & Blakeslee, 2009). So spielen die Spiegelneuronen bei Situationen mit emotionalem Charakter eine dominante Rolle; sie sind höchstwahrscheinlich auch am Zustandekommen der Phänomene Empathie, Intuition und Mitgefühl massgeblich beteiligt» (Mathys & Straub, 2011, S. 34).

So gesehen ist die Körperhaltung der Aktivierungsfachperson in der Basalen Stimulation von grösster Bedeutung: Sie widerspiegelt die innere Haltung und die Befindlichkeit der Fachperson, die sich auf das Gegenüber übertragen und entsprechende Reaktionen auslösen können. Das heisst nichts weniger, als dass die Körperhaltung der Fachperson im wahrsten Sinne des Wortes «vorbildhaft» auf den Klienten/die Klientin wirken sollte. Ideal wäre also eine spannungsfreie, zentrierte und reflektierte Körperhaltung, um eine möglichst offene Ausgangslage zu schaffen.

Berührungsqualität

«Basale Stimulation bietet die Möglichkeit, über gezielte und qualifizierte Berührung in eine elementare Kommunikation zu treten, auf die der betroffene Mensch ebenso elementar antworten kann» (Schnell, 2004, S. 108). Die Berührung kann und soll dem betroffenen Menschen wichtige Informationen zu sich selber und zur Umwelt vermitteln. Sie ist demzufolge so zu gestalten, dass sie für den Betroffenen «erfassbar, begrenzbar, erinnerbar, deutlich, überschaubar, vertraut, verlässlich, anregend und interessant» sein kann (Bienstein & Fröhlich, 2010, S. 46). Die Aktivierungsfachperson bemüht sich deshalb, eine Berührung mit achtsamer Präsenz anzubieten und sich sowohl der zu sendenden Botschaft wie auch ihrer eigenen Körperhaltung bewusst zu sein. Ebenso achtsam soll das Feedback der Klientin/des Klienten wahrgenommen werden, offen, ohne Erwartung.

Wie aber zeigt sich ein solches Feedback bei stark wahrnehmungseingeschränkten Menschen? Prinzipiell muss sich die Aktivierungsfachperson auf minime, teilweise kaum erahnbare Zeichen einstellen. Sie äussern sich oft nur durch eine winzige Veränderung im Atemrhythmus, in der Augenbewegung, einem Zucken der Extremitäten, einem Flattern der Augenlider, einer Anspannung des Tonus in Händen, Armen oder Zehen. Aber auch KEIN wahrnehmbares Zeichen ist eine Rückmeldung: Das von der Aktivierungsfachperson intendierte Signal hat keinen Widerhall gefunden – es war zu schwach oder hat den falschen Zugangskanal getroffen. Dies ist dann die deutliche Aufforderung, eine andere Intervention auszuprobieren und die therapeutische Kreativität spielen zu lassen.

Der Fokus

Der Fokus steht in der Basalen Stimulation für die Körperstelle oder die Körperfunktion, auf die sich die hauptsächliche Aufmerksamkeit und Konzentration einer Aktivierungsfachperson richtet; der Fokus ist der «Brennpunkt» der geplanten Intervention: So liegt beispielsweise der Fokus für eine erste Kontaktnahme auf einer «öffentlichen» Körperstelle, die ein erfolgversprechendes Berührungserlebnis verspricht. Diese wird entsprechend bewusst gewählt. Sind die Rückmeldungen der Klientin oder des Klienten positiv, verschiebt sich der Fokus je nach geplanter Intervention auf eine andere Körperpartie, wo sich die Aufmerksamkeit der Aktivierungsfachperson erneut sammelt.

Hier gilt es jedoch zu beachten, dass man bei der punktbezogenen Beobachtung nicht das Ganze aus den Augen verliert, denn die Basale Stimulation betrachtet ja den Körper in einem ganzheitlichen Sinne, als Einheit von Leib, Seele und Geist. Folgerichtig wird sich die Aktivierungsfachperson bemühen, eine ganz bestimmte Körperstelle zu berühren, dabei aber zugleich den ganzen Menschen zu beachten und die Fülle der möglichen Reaktionen achtsam wahrzunehmen (Mathys & Straub, 2011).

Dosieren der Berührung

Wie deutlich, wie stark soll eine Berührung sein? Wie lange soll sie dauern? Um die richtige, auf die Situation angepasste Berührungsdosis zu bestimmen, nimmt die Aktivierungsfachperson eine beobachtende Position ein und achtet aufmerksam auf allfällige Zeichen der Klientin/des Klienten: Verbale Rückmeldungen, Mimik, minime Bewegungen, Entspannung, Anspannung, Veränderung des Atemrhythmus – oder unter Umständen gar keine Reaktion. Fühlt sich die Berührung nichtssagend oder aber auffallend intensiv an, sind das Hinweise, die eben berührte Körperzone zu verlassen: Ein Weiterführen der Arbeit an diesem Ort könnte einem Zuviel, einem Appell gleichkommen und eine Gegenreaktion erzeugen. Ist die Rückmeldung dagegen positiv – sei es verbal oder durch eine wahrnehmbare Entspannung –, kann die Arbeit an dieser Stelle fortgesetzt und nach einem angemessenen Zeitraum an einem anderen Körperteil weitergeführt werden. Oft sind die Rückmeldungen der Betroffenen sehr subtil und kaum wahrnehmbar – es braucht Geduld und Übung, auf diese feinen Zeichen zu achten und sie richtig zu interpretieren (Mathys & Straub, 2011).

Absichtslose Berührung

Auf den ersten Blick scheint «Absichtslosigkeit» gerade in einem therapeutischen und damit implizit zielorientierten Setting fehl am Platz zu sein. In der Basalen Stimulation besitzt der Begriff jedoch eine erweiterte Bedeutung im Sinne von «voraussetzungslos». In diesem Kontext gehören Absichtslosigkeit und Achtsamkeit eng zusammen. Absichtslosigkeit im Verständnis der Basalen Stimulation schliesst Zielorientierung keineswegs aus, sondern bezieht sich auf eine innere Haltung, die sich in der Art des Begleitens von Bewegungen durch Berührung ausdrückt. So haben wir sehr wohl ein übergeordnetes Ziel, auf das wir hinarbeiten, indem wir beispielsweise den Fokus auf die Funktion des Handgelenks richten; in der Handlung selber aber bemühen wir uns, offen, neutral – eben ohne Absicht – zu sein für das, was sich im Hier und Jetzt zeigt: Wir suchen durch achtsames Beobachten die Reaktionen der Klientin/des Klienten »unvoreingenommen« in ihrer ganzen und manchmal sehr überraschenden Breite zu akzeptieren und sie als Rückmeldung wertzuschätzen, die uns Hinweise gibt, wie die Arbeit weiter zu gestalten sei (Mathys & Straub, 2011).

Biografie

Um in der Basalen Stimulation ein konstruktives Miteinander entstehen zu lassen, sind biografische Informationen unabdingbar: Wer ist dieser Mensch? Was bewegt ihn? Was könnte ihn unterstützen, was eher hindern? Die Frage ist allerdings das Ausmass – wie viel müssen wir über Gewohnheiten, Sorgen, Ängste, Abneigungen, Vorkommnisse und Lebenserfahrungen eines Menschen wissen, um ihn würdig begleiten zu können? «Der Inhalt der biografischen Erhebung muss von Fall zu Fall individuell entschieden werden […]. Nur die Tatsachen, die bedeutsam für eine förderliche Begleitung sind, interessieren» (Bienstein & Fröhlich, 2010, S. 109). Dazu lassen sich bekannte Instrumente und Techniken verwenden wie etwa die Methodik der Aktivierung, die senso-biografische Anamnese (Buchholz & Schürenberg, 2008), Dementia Care Mapping oder das Heidelberger Instrument zur Erfassung der Lebensqualität Demenzkranker (H.I.L.D.E.) (Becker, Kaspar & Kruse, 2010).

In einer veränderten Lebenssituation wandeln sich Bedürfnisse, Beziehungen und Interessen der Menschen teilweise massiv. Durch systematisches Beobachten von Äusserungen und Verhalten und durch gezieltes Nachfragen erfahren die Aktivierungsfachpersonen Wichtiges über das aktuelle Wohlbefinden, über existentielle Bedürfnisse oder auch über neue Interessen. So ermöglicht beispielsweise eine senso-biografische Anamnese zu Ess- und Trinkgewohnheiten, das richtige Getränk in der richtigen Temperatur im richtigen Gefäss zum richtigen Zeitpunkt anbieten zu können mit dem Ergebnis, dass es als Getränk erkannt, als gut befunden und in der nötigen Tagesmenge mit Genuss getrunken wird.

Zwingend ist es, auch die Angehörigen in das Erkunden von biografischen Informationen einzubeziehen: Angehörige können die Situation aus einer anderen Perspektive betrachten und sie verfügen oft über wertvolle Informationen, die die betroffene Person nicht liefern kann. Zudem ermöglicht eine biografische Anamnese den Angehörigen, ihre eigenen Betreuungswünsche und Unterstützungsbeiträge einbringen zu können.

Kontakt und Beziehung aufnehmen

In der Basalen Stimulation wie auch in der Aktivierungstherapie ist das Aufnehmen und Aufbauen einer professionellen Beziehung eine zentrale Aufgabe (Hefti Kraus, 2011). Misslingt sie, nützen selbst gutgemeinte Interventionen in der Regel nur wenig. Im Folgenden werden methodische Aspekte, die einen Begleitungsprozess einleiten, aus der Sicht der Basalen Stimulation vorgestellt.

Anbahnen

Nach dem Konzept der Basalen Stimulation beginnt jede Intervention nach der Initialberührung mit einer Phase des sogenannten Anbahnens. Zum einen knüpft Anbahnen an physiologische Bedingungen an: Jede Aktivität, die mit Bewegungsabläufen oder Kraftaufwand verbunden ist, wird vom Gehirn vorbereitet. Zum andern bedeutet Anbahnen sich Einstimmen, zusammen mit der andern Person ins Hier und Jetzt zu gelangen, um in dieser Gegenwart gemeinsam etwas zu tun. Wie es der Name sagt, werden bei diesem ersten Berührungskontakt zahlreiche Informationen aufgenommen und vermittelt, die für das weitere Vorgehen leitend sind: Die Klientinnen und Klienten bieten mit ihren körpersprachlichen Reaktionen wertvolle Botschaften an, die es von der Aktivierungsfachperson wahrzunehmen und zu interpretieren gilt. Umgekehrt übermittelt die Aktivierungsfachperson durch Berührung oder andere bewusst eingesetzte Impulse Zeichen, die von den Empfängerinnen und Empfängern registriert werden und denen wiederum Reaktionen folgen. Dieses Wechselspiel von gegenseitigem Vermitteln und Aufnehmen ist das charakteristische Merkmal jeder initialen Phase. Dieser Aspekt der Gegenseitigkeit zieht sich jedoch auch weiterhin wie ein roter Faden durch die gesamte Intervention: Der Klient/die Klientin – und das kann nicht genügend betont werden – ist ein gleichwertiges Gegenüber, das durch seine/ihre Reaktionen die Handlung und die gemeinsame Erfahrung entscheidend mitgestaltet (Mathys & Straub, 2011).

Beziehung aufnehmen

Jede Art von Beziehung beginnt in der Regel mit einer Form von Begrüssung, die oft mit einer Berührung einhergeht und häufig einen rituellen Charakter aufweist. Mit einer Begrüssung demonstrieren wir unsere Präsenz und zugleich unsere Anerkennung der Gegenwart des Gegenübers – es ist eine Art von Achtungserweis. Gleichzeitig sind alle Begrüssungsformen Bedeutungs- und Mitteilungsträger, weisen subtile Nuancen auf, drücken Befindlichkeiten oder Stimmungen aus und sind folgerichtig auch nicht jeden Tag genau gleich (Inhester, 2004).

Initialberührung
Dieser Begriff hat sich in der Fachsprache der Basalen Stimulation weitgehend etabliert (Bartoszek & Nydahl, 2007). Die Initial- oder Erstberührung wird zum einen als «Begrüssung», als Einleitung zu einer Kontaktaufnahme, andererseits auch als Kontaktabschluss verwendet (der Begriff ist in diesem Falle allerdings etwas irreführend). Die Wichtigkeit der erstmaligen Kontaktaufnahme kann nicht hoch genug eingeschätzt werden: Häufig entscheidet nämlich der initiale Kontakt über den weiteren Verlauf von Beziehungsaufbau und gemeinsamer Aktivität, denn Ersteindrücke prägen den Beginn jeder Beziehung, Handlung oder Einstellung. «Fehler» bei der Initialberührung – mangelnde Achtsamkeit oder fehlgedeutete Situationseinschätzung – können im harmloseren Fall zu einem Misserfolg einer einzelnen Interaktion führen und lassen sich später wieder «ausbügeln»; in der gravierenderen Variante haben sie oft eine dauerhafte Störung im Beziehungsaufbau zur Folge.

Da Kontakt- oder Beziehungsaufnahme immer individuell geprägt ist, lohnt es sich, gewisse Aspekte vorher zu überprüfen. Hilfreich können die folgenden Fragen sein:

Biografische Aspekte:
- Wie lautet der vertraute Rufname, allenfalls auch eine Koseform?
- Wie hat diese Person generell Kontakte und Beziehungen aufgenommen?

- Welche Rituale, bezogen auf Kontaktnahme, sind ihr vertraut oder bekannt?
- Welche typischen Begrüssungsformen gehören zur kulturellen Herkunft, sozialen Zugehörigkeit, zur aktuellen Lebensphase?

Beziehungsmässige Aspekte:
- Wie möchte diese Person von mir angesprochen werden?
- In welchem Tempo soll ich mich ihr nähern?
- Wie lange und intensiv mag sie Körperkontakt spüren?
- Wie viel Nähe oder Distanz sind für sie angenehm, sodass ihre Neugierde an mir als Gegenüber oder an einer Aktivität geweckt werden kann?

Biopsychische Aspekte:
- Welche Möglichkeiten zur aktiven Mitgestaltung des Begrüssungsrituals hat diese Person?
- Auf welcher Körperseite bestehen generell weniger Einschränkungen?
- Ist das Sehen mit beiden Augen möglich? Wie gross ist das Gesichtsfeld? In welcher Distanz ist klares Sehen möglich?
- Wie ist die Hörfähigkeit?
- Kann diese Person Grussworte kognitiv verarbeiten?
- An welcher Körperstelle kann diese Person die Initialberührung am deutlichsten wahrnehmen? Liegt diese in einer öffentlichen Körperzone?
- Welche Körperstellen könnten schmerzhaft oder durch vorgängige Pflegehandlungen belastet sein?
- Welche Erfahrungen bezüglich Kontaktaufnahme haben andere beteiligte Personen schon gemacht?
- Welches Ziel steht im Vordergrund?

Methoden zum Anbahnen

Wenn wir uns über längere Zeit nicht bewegen, verlieren wir unser Körpergefühl erstaunlich rasch. Für Menschen mit neurodegenerativen Veränderungen, die Bewegungseinschränkungen mit sich bringen, gilt das in verstärktem Ausmass: Sie spüren in der Regel ihren Körper nicht mehr in seiner realen Form. In diesem Kontext bedeutet Anbahnen, dass die Aktivierungsfachperson ein Angebot vorschlägt, das die Körperwahrnehmung fördert und die Eigenaktivität optimiert. Dieses Angebot dient als «Einstimmung» auf die eigentliche therapeutische Handlung wie Mobilisation, Körperpflege oder eine spielerische Aktivität. Je nach Situation und Zielabsicht lässt sich eine somatische, eine vestibuläre oder eine vibratorische Intervention einsetzen.

Jedes der nachfolgend beschriebenen Angebote erfolgt nach einer Initialberührung und einer verbalen Information – auch bei bewusstseinsgetrübten Klientinnen und Klienten!

Somatische Interventionen

Interventionen zur Förderung der somatischen (körperbezogenen) Wahrnehmung führen über die Oberflächen- und Tiefensensibilität zum gezielten Erleben der eigenen Körperform, der Körpergrösse und des eigenen Gewichts. Der Körper kann sich durch unmittelbare Berührung (taktil) oder durch seine eigenen Bewegungen (kinästhetisch) wieder selber erfahren (propriozeptiv).

Dafür stehen mehrere Methoden zur Verfügung (detaillierte Beschreibung in Mathys & Straub, 2011):
- den Körper grossflächig und symmetrisch mit streichenden Bewegungen «modellieren»
- das Erleben der Körperbalance ermöglichen
- einen Körperteil gezielt halten (Kopf/Bein/Arm)
- Wärme (gewärmtes Tuch) oder grossflächig Druck (Gewichtkissen) einsetzen

Vestibuläre Interventionen
Interventionen zur Förderung der vestibulären (gleichgewichts- und raumbezogenen) Wahrnehmung helfen den Betroffenen, ihren Körper wieder als beweglich erfahren zu können. Mit vestibulären Impulsen wird der Körper sanft geweckt, er wird an seine verlorene Fähigkeit der Beweglichkeit erinnert. Zudem lassen sich die einzelnen Körperteile wieder als zusammengehörend und als bewegliche Einheit erleben. Voraussetzung ist das Fachwissen über die physiologischen Bewegungsabläufe von Gelenken, Muskeln und Sehnen (Jecklin, 2008). Dabei muss uns immer bewusst sein, dass jeder Mensch seine eigenen Bewegungsmuster hat. Wir können also nicht im Voraus wissen, wie sich die betroffene Person bewegen möchte.

Zu bedenken ist ferner, dass wieder in Bewegung zu kommen mit Schmerzen verbunden sein kann und dass deshalb das Angebot abgelehnt oder als unangenehm erlebt wird. In solchen Fällen ist unbedingt die interdisziplinäre Zusammenarbeit für eine angemessene Schmerztherapie mit Pflege und ärztlicher Fachperson zu suchen (Schmitt, 2011).

Als Methoden lassen sich unter anderem einsetzen (detaillierte Beschreibung in Mathys & Straub, 2011):

- Wiegen/Schaukeln einer Extremität mithilfe eines Frotteetuchs
- Schaukeln des Rumpfes
- Mikrobewegungen
- Gelenke entlasten
- Eigenbewegungen begleiten

Vibratorische Interventionen
Interventionen zur Förderung der vibratorischen (schwingungsbezogenen) Wahrnehmung haben eine direkte Rückwirkung auf den Körpertonus. Vibratorische Wahrnehmung führt zu einer Erfahrung der «inneren Körperwelt», der inneren Stabilität sowie von Körpertiefe. Das Vibrationsempfinden, die Fähigkeit, Schwingungen und Erschütterungen zu registrieren, steht in engem Zusammenhang mit der somatischen, der taktilen und der auditiven Wahrnehmung. Vibratorische Impulse sind von Frequenz und Amplitude der Schwingungsreize beeinflusst; sie werden von den Mechanorezeptoren der Haut empfangen und über feste Strukturen (Knochen) und Körperflüssigkeiten im Körper weitergeleitet. Deshalb werden sie grundsätzlich über die knöchernen Partien des Körpers, also beispielsweise Schultern, Beckenkamm, Knie, Fussohle, Ellenbogen, Hände angeboten. Kurze vibratorische Angebote regen an und wecken die Aufmerksamkeit, längere Sequenzen können dagegen beruhigend wirken.

Methodisch stehen mehrere Varianten zur Auswahl (detaillierte Beschreibung in Mathys & Straub, 2011):
- Vibration mit den Händen über die knöchernen Partien des Körpers (siehe oben)
- Vibration über das Medium der Matratze mittels der Hände oder mit einem Vibrationsgerät
- weitere vibratorische Impulse vermitteln Singen, Summen oder Klangschalen

Für das Anbahnen bei Menschen mit Wahrnehmungseinschränkungen spielen diese drei Wahrnehmungsbereiche eine zentrale Rolle: «Es zeigt sich in der praktischen Arbeit, dass jeder Mensch, und sei er in seiner Entwicklung behindert, dennoch eine gewisse Ansprechbarkeit in den genannten Bereichen hat. Berührung, Bewegung im Raum und Vibration werden immer aufgenommen und mit vielleicht nur geringfügigen Veränderungen beantwortet» (Fröhlich, 1998, S. 53).

Basale Stimulation im aktivierungstherapeutischen Prozess

In der Aktivierungstherapie lässt sich das Konzept der Basalen Stimulation in verschiedenen Situationen einsetzen: sowohl in der Einzeltherapie als auch in der Gruppentherapie.

Es kann sowohl für einen ganzen therapeutischen Prozess als auch in der interdisziplinären Zusammenarbeit mit der Pflege benutzt werden, wenn es um gemeinsam durchzuführende Interventionen geht (Schmitt, 2011). Häufig erzielt ein einfaches, aber gezielt eingesetztes Element aus der Basalen Stimulation eine erstaunliche Wirkung.

Beispiel: Die Aktivierungsfachperson schreibt mit Frau T. einen Brief. Für die Klientin ist es ein grosses Anliegen, die Beziehung zu ihren Freundinnen über dieses Medium aufrechtzuerhalten. Trotz des demenziellen Prozesses kann sie diese Aktivität an sich noch weitgehend selbstständig ausüben, die Konzentration aber kann sie nicht alleine aufrechterhalten. Sie verliert dann den Faden und weiss nicht mehr weiter.

Die Aktivierungsfachperson setzt sich rechts von Frau T. (diese ist Rechtshänderin) und legt ihr die linke Hand auf das Schulterblatt. Sie hält diesen Berührungskontakt während der ganzen Zeit aufrecht, wechselt aber hin und wieder die Stelle und die Druckintensität; damit teilt sie Frau T. immer wieder mit: «Ich bin da» und unterstützt ihre Konzentrationsfähigkeit.

Während des Schreibens klärt die Aktivierungsfachkraft einmal ab, ob Frau T. den Körperkontakt immer noch mag und ob es eine angenehmere Körperstelle geben könnte. Frau T. leitet die Aktivierungsfachperson an, sie weiter unten am Rücken zu berühren. Daraufhin erfolgt ein tiefes Aufatmen, ein Zeichen, dass es jetzt für Frau T. wirklich «stimmt».

Durch diese einfache sensorische Intervention kann die Klientin ihren Körper deutlicher wahrnehmen und damit ihre Aufmerksamkeit besser bündeln. Gleichzeitig wird damit das zentrale Ziel «das eigene Leben gestalten» gefördert und Frau T. kann ihre noch vorhandenen Fähigkeiten optimal nutzen.

Im Folgenden wird exemplarisch aufgezeigt, wie sich Elemente der Basalen Stimulation in zwei für die Aktivierungstherapie zentralen Themen umsetzen lassen:

- Nahrungsaufnahme und Trinken
- die Aussenwelt erfahren – Umgebungsgestaltung

Nahrungsaufnahme und Trinken

Beim Thema Essen und Trinken geht es in der Basalen Stimulation vor allem darum, eine für die Lebensqualität zentrale Erfahrung deutlich spürbar zu gestalten – die Klienten und Klientinnen sollen Nahrung und Getränke nicht nur aufnehmen, sondern als etwas Lustvolles wahrnehmen und geniessen können (Biedermann, 2011). Biografische Aspekte sind hier von besonderer Bedeutung. Für das Erfassen der individuellen Gewohnheiten, von Vorlieben und Abneigungen eignet sich vor allem die senso-biografische Anamnese (Buchholz & Schürenberg, 2008; Mathys, 2010).

Aufnahme und Genuss von Essen und Trinken sind abhängig von einer ganzen Reihe von automatisierten Fertigkeiten, Fähigkeiten und Funktionen, die sich gegenseitig beeinflussen:
- Hunger- und Durstgefühl
- Fähigkeit, Geruch, Geschmack und Konsistenz der Nahrung/der Flüssigkeit mit den entsprechenden Sinnen wahrzunehmen
- motorische und feinmotorische Fähigkeiten des Körpers, insbesondere des oralen Bereichs
- Zerkleinern der Nahrungsmittel durch Kauen, Lutschen oder Zerdrücken
- automatisiertes Befeuchten der Lippen
- Koordination der für den Schluckvorgang erforderlichen Muskelgruppen und der Zunge
- Speichelproduktion, die einsetzt, wenn sich Hunger- oder Durstgefühl manifestiert oder es nach appetitlichem Essen riecht
- Entscheidungsfähigkeit, Art und Menge der Nahrung zu wählen und zu kontrollieren

All diese physiologischen Funktionen und Fähigkeiten sind bei bewusstseinsbeeinträchtigten Personen in der Regel reduziert oder gar nicht mehr vorhanden. Hier geht es nun darum, gezielte und angemessene Anreize zu bieten. In der Literatur wird generell von «Reizen» und «Stimuli» gesprochen, wenn es um die Vermittlung und das Aufnehmen von Informationen geht. In neueren Publikationen zur Basalen Stimulation wird dagegen zunehmend der Begriff «Impulse» verwendet.

Folgende Fragen können zu Nahrungsaufnahme und Trinken leitend sein:

Perspektive der Klientin/des Klienten:
- Welche Bedürfnisse und Gewohnheiten sind bekannt oder beobachtbar?
- Auf welche Impulse könnte der Klient/die Klientin positiv ansprechen? Womit könnte die Lust am Essen und Trinken geweckt werden – mit dem Duft eines Lieblingsgerichts, über den visuellen Anreiz eines appetitlich angerichteten Essens, mit einem Aperitif?
- Fühlt sich der Klient/die Klientin in der für die Essensaufnahme vorgesehenen Position – im Bett, im Rollstuhl, am Tisch, im Gemeinschaftsraum – prinzipiell wohl?
- Welche Erinnerungen und damit verbundene Reaktionen – förderliche oder hinderliche – könnte das geplante Setting auslösen?
- Welches Ziel steht für die Klientin/den Klienten im Vordergrund?

Perspektive der Aktivierungsfachperson:
- Welche Fähigkeiten oder Fertigkeiten des Klienten/der Klientin kann ich wahrnehmen?
- Welche für das Essen geeignete Position kann er/sie spontan einnehmen und inwiefern weicht sie von der physiologischen Norm ab?
- Mit welchen Impulsen kann ich eine Optimierung des Ess- und Trink-Erlebens erreichen?

Perspektive der Angehörigen:
- Welche Gewohnheiten – Vorlieben, Abneigungen, Rituale, Essenszeiten – sind den Angehörigen bekannt?
- Können sie ein Lieblingsgericht oder ein Lieblingsgetränk benennen oder mitbringen?
- Möchten und können sie in der Institution zusammen mit dem Klienten/der Klientin essen?
- Können sie die Klientin/den Klienten allenfalls auch einmal auswärts oder nach Hause zum Essen einladen?

Anbahnen der Nahrungsaufnahme
Dafür stehen zahlreiche Methoden zur Verfügung (detaillierte Beschreibung in Mathys & Straub, 2011):
- Stabilisieren der Sitzposition

- den Körper erfahrbar machen durch symmetrisches, grossflächiges Modellieren
- Bewusstmachen des Gesichts durch symmetrische Streichungen von den Schläfen zum Kinn (immer symmetrisch) oder triggern
- Erfahrbarmachen der Kaumuskulatur durch Auflegen einer warmen Dampfkompresse auf die Wangen (immer symmetrisch)
- Bestreichen der Lippen mit den vorgesehenen Speisen mittels eines gut befeuchteten Wattestäbchens
- Durchführen eines Essrituals: Gong- oder Glockenzeichen, guten Appetit wünschen, Tischgebet

Ist keine orale Nahrungsaufnahme möglich (Sondenernährung, Sterbephase), kann immerhin mit einem «Kausäckli» das Geschmacksempfinden und je nachdem auch das Kauerlebnis ermöglicht werden. Bedingung ist, dass das Hüllmaterial fest genug ist, sodass die eingepackten Esswaren nicht austreten können. Die Gaze muss vorher unbedingt gut befeuchtet sein, sonst ist das Geschmackserleben kaum möglich. Wer bei desorientierten Menschen ganz sicher sein will, dass das Säckchen nicht etwa doch geschluckt wird, befestigt es an einem starken Faden, der während der ganzen Intervention in der Hand der Fachperson bleibt. Es können erstaunlich viele verschiedene Esswaren eingesetzt werden; Bedingung ist, dass sie der Klient/die Klientin bekanntermassen gerne hat und dass sie eine feste Konsistenz aufweisen: Trockenfleisch, Käse, Ananasstücke, Schokolade usw.

Die Unterstützung während des Essens und Trinkens richtet sich nach den noch vorhandenen Ressourcen und geht vom Beobachten der selbstständigen Nahrungsaufnahme über das geführte Begleiten bis zum Eingeben von Nahrung und Flüssigkeit.

Beispiel: Frau A. verweigert oft das Essen. Die Aktivierungsfachperson erhebt mithilfe der senso-biografischen Anamnese die relevanten Informationen bezüglich Nahrungsaufnahme und Trinken und stellt fest, dass für Frau A. die Ästhetik eines schön gedeckten Tisches ausserordentlich wichtig war. Sie erfährt auch, dass die Klientin Essen immer mit Beziehungspflege verbunden hatte. Sie plant nun den therapeutischen Prozess auf der Basis des zentralen Ziels «Autonomie und Verantwortung leben».

Frau A. sitzt bereits am Tisch, döst aber, wie so häufig, vor sich hin. Nach einer Initialberührung an der Schulter bahnt die Aktivierungsfachperson die nachfolgende Intervention an, indem sie der Klientin eine warme Dampfkompresse für Kinn und beide Wangen anbietet. Es folgt eine Massage beider Hände. Nun ist die Klientin wach und verfolgt aufmerksam, wie der Tisch sorgfältig gedeckt wird. Darauf führt die Aktivierungsfachperson die rechte Hand der Klientin zur Kaffeetasse und unterstützt die Trinkbewegung mit einer leichten Berührung des Ellenbogens. Die Klientin kann nun selbstständig trinken.

Das Müesli wird gemeinsam zubereitet; die Klientin wird angeregt, selber zu bestimmen, welche Früchte sie darin haben möchte. Beim Essen sind zwischendurch immer wieder kleine Impulse nötig, doch genügt jeweils ein leichtes Anheben des Ellenbogens.

Die Beziehungsgestaltung leitet die Aktivierungsfachperson ein, indem sie von Ereignissen aus der heutigen Zeitung berichtet und nach der Meinung der Klientin fragt. Frau A. kann zunehmend adäquater auf das Angebot reagieren. Sie geniesst die Unterhaltung sichtlich.

Neben der direkten Unterstützung bei der Nahrungsaufnahme verfügt die Aktivierungstherapie über zahlreiche Möglichkeiten, das Thema Essen und Trinken in einem weiteren Rahmen sinnstiftend erlebbar zu machen und die Klientinnen und Klienten aktiv und ihren Ressourcen entsprechend miteinzubeziehen, sei dies in Einzel- oder Gruppentherapie oder in der Aktivierenden Alltagsgestaltung. Das Vorgehen orientiert sich dabei bewusst am normalen Leben und bezieht nach Möglichkeit biografische Aspekte mit ein:

- das Frühstücksbuffet aufbauen
- Gemüse rüsten, kochen und backen
- das Zubereitete degustieren und abschmecken
- den Tisch decken und abräumen
- das Mittag- oder Nachtessen zubereiten
- Tischrituale durchführen

Anspruchsvollere Projekte können sein:
- den Essraum für ein Fest einrichten
- eine Tischdekoration erstellen
- in gemeinsamer Absprache einen Menüplan erstellen
- einen Apéro planen
- saisonale Spezialitäten zubereiten (Maroni braten, Ostereier malen, Konfitüre kochen, Weihnachtsguetzli backen)
- eine Naschecke einrichten, welche die Bedürfnisse möglichst vieler Mitbewohnenden abdeckt

Diese Art von Aktivierung bietet die Chance, dass sich Klientinnen und Klienten ihren Fähigkeiten gemäss beteiligen können und dass sich gleichzeitig ihre individuellen zentralen Ziele fördern lassen. In jedem Falle werden zahllose wertvolle Impulse vermittelt. Allerdings kann das auch ein Handicap darstellen: Gerade bei Menschen mit demenziellen Prozessen kann eine derartige Aktivität rasch zu einer Reizüberflutung führen. Hier gilt es unter anderem darauf zu achten, dass die Fachpersonen unter sich möglichst keine Seitengespräche führen.

Die Aussenwelt erfahren – Umgebungsgestaltung

Für Gesunde ist es eine Selbstverständlichkeit, den Aufenthaltsort nach Möglichkeit selber zu wählen und zu wechseln. Zur Normalität gehört auch, die eigene Umgebung nach den eigenen Wünschen zu gestalten. Zudem können das Reizniveau und die Dauer von unterschiedlichsten Impulsen – Kommunikation, akustische, visuelle und körperbezogene Erlebnisse – bis zu einem gewissen Grade und abhängig von Stimmung und Befindlichkeit selber bestimmt werden.

Wird diese Autonomie durch Alter, Behinderung und Krankheitsverläufe beeinträchtigt, sind die Betroffenen mehr oder minder schutzlos zahllosen Impulsen ausgesetzt, über die sie häufig nicht mehr selber bestimmen können. Dies ist in aller Regel der Fall, wenn sie ihre vertraute Umgebung aufgeben müssen, um die noch verbleibende Lebenszeit in einem Heim zu verbringen.

Umzug ins Heim
Es handelt sich entweder um einen freiwilligen, selber gewählten Übertritt in eine Institution der Wahl oder aber um ein durch den Gesundheitszustand bestimmtes mehr oder weniger plötzliches Geschehen. Oft sind eine langfristige Planung und eine angemessene Vorbereitung nicht mehr möglich, denn der Heimeintritt kann innerhalb von wenigen Tagen erfolgen. Die Angehörigen oder auch fremde Helferinnen und Helfer treten in Aktion, das Haus, die Wohnung wird aufgelöst – ein einschneidendes, emotional intensives Erleben, sowohl für die Betroffenen wie auch für ihre Angehörigen.

Die Aktivierungsfachperson kann das Abschiednehmen von der vertrauten Umgebung und das Einleben im Heim als therapeutischen Prozess gestalten, indem sie die Klientin/den Klienten beim Einräumen der persönlichen Dinge und der Einrichtung des Zimmers oder der zur Verfügung stehenden Umgebung gezielt unterstützt. Sie wird dabei im Sinne der Basalen Stimulation auf die Eigenaktivität und Autonomie der Betroffenen achten und dafür sorgen, dass sie sich im neuen Zimmer wohlfühlen und die unbekannte Umgebung – das Heim, seine Bewohnerinnen und Bewohner, das Personal – in angepasstem Tempo kennenlernen.

Zu diesem Prozess kann auch gehören, noch einmal in den ehemaligen Lebensbereich zurückzukehren und dort ein begleitetes Abschiedsritual durchzuführen.

Beispiel: Unmittelbar nach seinem Heimübertritt zog sich Herr B. total zurück und beschuldigte seinen Sohn, ihn «abgeschoben» zu haben. Nach einer sorgfältigen Bedürfnisanalyse wurde sein Wunsch ersichtlich, noch einmal in sein Haus gehen und sich von ihm verabschieden zu können. Die Aktivierungsfachperson plante zusammen mit Herrn B. ein Ritual und organisierte den Besuch. Es erschien ihr wichtig, in Anbetracht der angespannten Situation auch den Sohn einzubeziehen, der schlussendlich bereit war, als Chauffeur mitzuwirken. Herr B. ging langsam durch alle Räume und erzählte etwas oder blieb zwischendurch ganz in sich gekehrt und still. Auf der Bank vor dem Haus wurde ein letztes Mal Zvieri genommen. Dort fand dann auch ein klärendes Gespräch zwischen Vater und Sohn statt. Nachher gab Herr B. das Zeichen zum Aufbruch – jetzt konnte für ihn der neue Lebensabschnitt im Heim beginnen. Der therapeutische Prozess war abgeschlossen. Die Aktivierungsfachfrau hatte dabei Herrn B. kennengelernt und konnte ihn in der Folge für Gruppenangebote und die Übernahme von kleinen Aufgaben im Heim gewinnen.

Reizarmut und Reizüberflutung

Normalerweise bestimmt der Mensch sein Impulsniveau weitgehend selber und sucht sich das zur momentanen Befindlichkeit Stimmige im Rahmen des Möglichen aus. Mit abnehmender Mobilität und sich verändernder Wahrnehmung wird es zunehmend schwieriger bis unmöglich, die Aussenweltimpulse selber zu bestimmen. Für die Betreuenden ist es nicht einfach, das richtige Mass an sinnvollen, förderlichen Impulsen anzubieten – was für die einen gerade richtig ist, ist für die andern bereits zu viel.

In dieser Situation wird das Betreuungspersonal mit dem Phänomen «Habituation» konfrontiert. Habituation ist der Prozess, in dem sich die Wahrnehmung der Klientin/des Klienten einer nahezu gleichbleibenden Situation anpasst – ob reizarm oder reizüberflutend ist dabei gleichgültig. Ausgelöst wird der Vorgang durch ein Zuviel oder ein Zuwenig an Impulsen. Zu viel oder zu wenig bedeutet, dass die subjektive Wirklichkeit mit der Realität der Klientin/des Klienten im Widerspruch steht. Als Reaktion, die letztlich eine Schutzfunktion darstellt, wird die Wahrnehmung der Umwelt und des eigenen Körpers immer undeutlicher. Es können Missempfindungen auftreten, die schliesslich in Orientierungsstörungen oder schwere Identitätskrisen münden. Fröhlich bezeichnet diesen Prozess als degenerierende Habituation (Fröhlich, 1998); der Begriff lässt sich auch als negative Gewöhnung übersetzen.

Kennzeichnend für die degenerierende Habituation ist die mangelnde Möglichkeit, Einfluss auf die Gestaltung der unmittelbaren Umgebung, des sozialen Umfeldes und des Tagesablaufes nehmen zu können. Zu Hause kann die Haustür nach Wunsch und Befindlichkeit geöffnet werden oder geschlossen bleiben, im Heim dagegen ist der Zutritt in den innersten Wohnbereich, selbst in den peripersonalen Raum, jederzeit und für jedermann möglich. Was bedeutet es, wenn freiheitsgewohnte Klientinnen und Klienten in der Demenzstation vor einer verschlossenen Türe stehen? Was bleibt den Betroffenen anderes übrig, als sich in das offensichtlich Unabänderliche zu fügen? Eine alternative Reaktionsmöglichkeit stellt das sogenannte «auffällige Verhalten» dar.

«Auffälliges Verhalten» – Autostimulation und Stereotypien

Aus der Sichtweise der Basalen Stimulation sind Menschen immer bestrebt, ihrem Tun und Erleben einen Sinn zu geben und sich entsprechend zu verhalten (Fröhlich, 1998). Dies gilt selbst für «auffälliges» Verhalten von Klienten und Klientinnen – Rufen, Klopfen, Schlagen, Nesteln, Übererregung, Aggression, ruheloses Gehen oder Apathie, permanentes Dösen, im Stuhl einschlafen, heimgehen wollen oder auch sich Schmerz zufügen. Solch auffallende und auf den ersten Blick «sinnlose» Phänomene interpretiert die Basale Stimulation dahingehend, dass auch sie eine Mitteilung beinhalten und als Bedürfnisäusserung eine Antwort auf Aussenwelterfahrungen darstellen.

Bei wahrnehmungsveränderten Klientinnen und Klienten mit einem Zuviel oder Zuwenig an Impulsen hat auffälliges Verhalten häufig die Funktion einer Autostimulation: Autostimulation ist eine der gängigen Strategien, die angewendet werden, um mit einem Reizdefizit oder einer Reizüberforderung umzugehen. Die häufigsten Phänomene sind stereotype, repetitive und in der Regel rhythmische Bewegungsmuster: Schaukeln, Wippen, Nicken, eine Extremität (je nachdem auch den Kopf) gegen einen festen Widerstand schlagen, immer wieder dieselben Worte oder Laute von sich geben. Die üblichen Erklärungen durch einen typischen Krankheitsverlauf (Demenz, Multiple Sklerose, Hemiplegie, Parkinson, Schädel-Hirn-Trauma usw.) sind unzureichend und lösen für die Betroffenen das Problem nicht. Autostimulation mag zwar afunktional wirken, hat aber IMMER eine Bedeutung und ergibt für die Betroffenen Sinn, auch wenn er ihnen nicht bewusst ist: Autostimulation und auffälliges Verhalten sind Ausdruck von immer noch vorhandenen Ressourcen, einer Copingfähigkeit, mit der die Betroffenen auf Spannungssituationen reagieren, Bedürfnisse manifestieren und mitunter auch sehr deutliche Antworten auf das Verhalten des Personals geben. Beides ist immer als Warnsignal zu bewerten und entsprechend zu beachten (Büker, 2010).

Häufig ist es aber alles andere als einfach zu verstehen, was eine Klientin/ein Klient mit einem auffälligen Verhalten oder mit Autostimulation mitteilen will. Entsprechend der Sichtweise der Basalen Stimulation ist es möglich, dieses Phänomen als notwendige und angemessene Körperreaktion wertzuschätzen, als Grundlage eines basalen Dialogs zu verwenden und sinnvoll in eine situationsangepasste Intervention zu integrieren (Büker, 2010).

Die Erfahrung zeigt, dass bei Autostimulation nicht selten die Ziele «Sicherheit erleben und Vertrauen aufbauen», «das eigene Leben spüren», «Beziehung aufnehmen und Begegnung gestalten» oder «das Leben selbst gestalten» im Vordergrund stehen.

Beispiel: Herr C. ist infolge seiner Spastizität bettlägerig geworden, sein Leben nähert sich dem Ende. Er ruft stereotyp um Hilfe und schreit dazwischen durchdringend – eine Belastung für die ganze Station, vor allem aber für den Klienten und seine Angehörigen. Die Aktivierungsfachperson wird beigezogen. Nach der Situationsanalyse deutet sie das Verhalten aus der Perspektive von Herrn C. als Autostimulation und orientiert sich an zwei zentralen Zielen: «Sicherheit erleben und Vertrauen aufbauen» und «die Aussenwelt erfahren». Aus der Informationssammlung kennt sie einige Vorlieben von Herrn C. Sie weiss, dass er über Jahrzehnte an der Fasnacht in einer Guggenmusik mitgespielt hat und eine umfangreiche Kollektion von Fasnachtskostümen und -masken mit Liebe pflegte und gerne zeigte.

Die Aktivierungsfachperson gestaltet nun zusammen mit den Angehörigen und dem technischen Dienst die Decke über seinem Bett und die Wand – die einzigen Blickperspektiven des Klienten – mit Fasnachtsutensilien. Damit erhält Herr C. ihm vertraute visuelle Impulse. Zudem stellt sie eine CD mit fasnächtlichen Musikstücken zusammen, die in kleinen Zeitabständen abgespielt werden. Für die Pflege bedeutet die Bedienung der Musikanlage keinen grossen Zeitaufwand. Herr C. hat durch diese Intervention eine Umgebung erhalten, die ihn plötzlich zu interessieren scheint – das Schreien hört auf. Zudem resultieren aus der Zusammenarbeit mit den Angehörigen mehr Besuche und somit weitere förderliche Impulse. Die Aktivierungsfachperson bleibt Ansprechperson, um die Umgebung zusammen mit den Angehörigen nach einiger Zeit wieder neu zu gestalten und so das Interesse des Klienten wachzuhalten.

Wohnbereich gestalten

Die Klientinnen/Klienten müssen sich aufgrund ihrer Einschränkungen häufig viele Stunden am Tag im selben Bereich, vorzugsweise in einer öffentlichen Zone oder in ihrem Zimmer aufhalten. Oft ist dieser Bereich nach hausinternen Regeln möbliert und baulich nicht immer optimal geplant worden. Betrachten wir diesen Ort einmal aus der Perspektive der Betroffenen:

- Welche Abwechslung bietet er?
- Ist das Angebot an Impulsen den Betroffenen angemessen – nicht zu viel und nicht zu wenig?
- Sind Nischen der Geborgenheit, des Rückzugs vorhanden?
- Sind biografische Elemente – Bilder, Fotos, Erinnerungsobjekte, Möbel – für die Betroffenen gut sichtbar? Häufig werden gerade Fotos mit Angehörigen auf dem Nachttisch platziert, was gut gemeint ist, wo sie aber von den Klientinnen und Klienten teilweise gar nicht gesehen werden können.
- Worauf ist der Blick bei normaler Ruheposition gerichtet – ein Bild, die Aussicht aus dem Fenster oder nur auf eine Wand oder an die Decke?
- Sind Möglichkeiten vorhanden, die Blickperspektive nach Bedarf zu wechseln?
- Wie oft wird es den Betroffenen ermöglicht, ihren Standort zu wechseln, wenn sie dies nicht mehr autonom vornehmen können?
- Sind Pflanzen oder Tiere vorhanden?
- Entspricht die Beleuchtung in Intensität und Qualität den Betroffenen – Tages- und Kunstlicht, direkte oder indirekte oder dimmbare Leuchtquellen?
- Welche akustischen Stimuli werden den Betroffenen vermittelt? Machen sie Sinn?
- Wie wird der Aufenthalt im erweiterten Wohnbereich – Essraum, Begegnungsraum, Gang – von der Aktivierung begleitet?

- Welche Angebote laden die Betroffenen ein, an einer Aktivität mitzumachen oder selbst aktiv zu werden? Wie attraktiv sind sie?

Der Aktivierungsfachperson stehen viele Möglichkeiten zur Verfügung, um den Klientinnen und Klienten in ihrem erweiterten Wohnbereich Impulse anzubieten, die den jeweiligen Ressourcen angemessen sind und helfen können, die zentralen Ziele zu fördern. Sie achtet im Sinne der Basalen Stimulation darauf, dass die Hände und die Körperhaltung für die geplante Aktivität optimal unterstützt sind, die Lichtverhältnisse das konzentrierte Arbeiten erleichtern und unnötige akustische Reize ausgeschaltet sind. Zu diesen Möglichkeiten gehören:
- Pflanzen- oder Tierpflege
- Dekorationsarbeiten
- leichte Putzarbeiten
- visuelle Impulse über das gemeinsame Betrachten von Fotoalben oder Bildbänden
- akustische Impulse über Vorlesen eines bedeutungsvollen Textes
- Musik hören
- zum Singen eines Lieblingsliedes auffordern, nach Möglichkeit mitsingen
- aktive Klangerfahrung mit Klangschalen oder einfachen Instrumenten
- taktile Erfahrungen, z. B. mit einem Tastsäckli, einer Tastschnur, einem Stofftier, einer Puppe
- sinnliche Erfahrungen mit einem warmen Tasthandbad
- Hand- oder Fusseinreibung mit warmem Öl oder mit dem Zusatz eines ätherischen Öls
- Werken und Basteln nach biografischen Vorlieben und vorhandenen Fähigkeiten

Generell ist bei der Gestaltung des Wohnbereichs darauf zu achten, dass das Bett wenn möglich so im Raum steht, dass der Blick in die Ferne oder je nach Vorliebe des Klienten/der Klientin zur Türe möglich bleibt. Der Aufenthaltsort während des grösseren Teils des Tages – Lehnstuhl, Rollstuhl oder Stuhl am Tisch – ist so zu wählen, dass angemessene Impulse vermittelt werden: Der stundenlange Blick aus dem Fenster auf die schöne Landschaft mag für Aussenstehende angenehm und beruhigend wirken, die Betroffene/der Betroffene jedoch möchte vielleicht lieber durch die offene Zimmertüre auf den viel unattraktiveren Gang schauen, wo aber immer wieder einmal «etwas läuft».

Neben dem Anbieten von Impulsen ist es genauso wichtig, Rückzugsmöglichkeiten zu schaffen, die der Reizabschirmung dienen. In der Regel ist dies das Zimmer und dort vor allem das eigene Bett. Der Geborgenheitscharakter lässt sich mit einfachen Mitteln verstärken, z. B. mit genügend Kissen mit individuellen Bezügen, die nicht zu oft gewechselt werden sollten – der vertraute Duft der gewohnten Umgebung wirkt versichernd. Den gleichen Effekt hat eine individuelle Woll- oder Strickdecke. Kuscheltiere können ebenfalls hilfreich sein. Beruhigung kann auch die Nestlagerung bringen, bei der man die Klientinnen und Klienten mit Lagerungsmaterial richtiggehend umringt, sodass sie sich wie in einem «Nest» geborgen fühlen können (Mathys & Straub, 2011).

Zusammenfassung

Selbstverständlich sind im vorliegenden Beitrag nicht sämtliche Möglichkeiten aufgeführt, wie sich die Prinzipien der Basalen Stimulation in die therapeutische Tätigkeit der Aktivierungsfachpersonen integrieren lassen. So bieten vor allem die Themenbereiche Bewegung, Mobilität und Mobilisation, Kochen und Haushalt, Malen oder Musik vielfältige weitere Gelegenheiten, Elemente dieses Konzeptes situationsbezogen und abgestimmt auf die Klientinnen und Klienten einzusetzen.

Zusammenfassend kann das folgende Beispiel zeigen, wie die wichtigsten Aspekte der Basalen Stimulation – Kommunikation und therapeutischer Beziehungsaufbau durch Vermitteln von sensorischen Impulsen – in der Aktivierungstherapie zum Tragen kommen.

Beispiel: Herr D. ist ein 64-jähriger Handwerker, den ein schwerer Schlaganfall und in der Folge eine Tetraplegie jäh aus seinem Alltag gerissen hat. Er ist vollorientiert und kann sich verbal verständlich äussern, gleichzeitig hat er generalisierte Schmerzen und gibt dem für ihn kaum erträglichen Zustand mit lautem Schreien Ausdruck. Aggressivität, depressive Phasen und Rückzug wechseln in rascher Folge. Die beigezogene Aktivierungsfachperson versucht durch eine eingehende Situationsanalyse, in die auch die Ehefrau mit einbezogen wird, zu eruieren, was das aktuelle Ziel des Klienten sein könnte. Sie erfährt, dass er mit seiner Frau direkt nach der Pensionierung eine Reise ans Meer geplant hatte, denn er wollte in seinem Leben unbedingt einmal das Meer sehen – eine Art Lebensziel, das nun nicht mehr realisiert werden kann.

Die Aktivierungsfachperson plant nun aufgrund der Informationen eine Einzeltherapie von zehn Einheiten unter dem Ziel «die Welt entdecken und sich entwickeln». Nachdem sie während der ersten beiden Sequenzen die Grundlagen der therapeutischen Beziehung geschaffen hat, schlägt sie nun dem Klienten eine virtuelle Reise ans Meer vor. Dabei setzt sie gezielt Impulse ein, welche die Sinne ansprechen: Die optische Wahrnehmung ermöglicht sie mit Meerbildern aus einem Fotoband; sensorisches Erleben stimuliert sie mit Sand, Muscheln und einem Handbad mit kühlem Salzwasser; für die gustatorische Wahrnehmung erhält Herr D. einen Topfen «Meerwasser» auf die Lippen; akustisch begleitet eine CD mit Meeresrauschen die Sequenz. Die Reaktion: Herr D. beginnt zu weinen – das erste Mal, seit er hier im Heim ist.

Die Aktivierungsfachperson hält dabei den Berührungskontakt an der Schulter aufrecht. Nach langem, heftigem Weinen wird Herr D. zunehmend ruhiger, sein Gesicht entspannt sich. Nach einer Weile sagt er: «Das war schön. Das möchte ich wieder machen.»

In den weiteren therapeutischen Sequenzen entwickelt er ein neues – wiederum virtuelles – Reiseziel; diesmal möchte er in den Wald gehen. In der Folge kommt er von sich aus auf weitere Aktivitäten, wie Ländlermusik hören oder ein Video mit einem Heimatfilm sehen. Im Verlauf dieses Prozesses ist die Aktivierungsfachperson zur Bezugsperson geworden, die ihm einen Weg aus der Krise weisen konnte und ihn neue Fähigkeiten und Interessen entdecken liess.

Hier zeigen sich die zahlreichen Parallelen zwischen Aktivierungstherapie und Basaler Stimulation: Beide orientieren sich an neurowissenschaftlichen, humanistischen, ethischen und philosophischen Prinzipien und betrachten den Menschen als Einheit von Leib, Seele und Geist. Gemeinsam ist auch die Grundhaltung, die sich von Empathie, Wertschätzung und Respekt vor der jeweiligen Lebenswelt der Klientinnen und Klienten leiten lässt.

Lassen wir zum Schluss den Initiator der Basalen Stimulation zu Worte kommen: «Basale Stimulation ist keine Methode, ist keine Technik. Basale Stimulation versteht sich als ein Konzept, das heisst, eine gedankliche Annäherung an die Probleme und Schwierigkeiten sehr schwer beeinträchtigter Menschen. Konzept meint, dass es sich nicht um eine fertig formulierte und endgültig festgelegte Therapie bzw. Pädagogik oder Pflege handelt, sondern um einige essentielle Grundgedanken, die immer wieder neu bedacht und angepasst werden können und müssen. Im Zentrum steht der Mensch in seiner physischen Realität, die uns auch dann einen persönlichen Zugang eröffnet, wenn scheinbar alle kommunikativen Beziehungen verhindert sind» (Fröhlich, 1998, S. 10).

Autorin

Rosemarie Mathys

Pflegefachfrau HF, Praxisbegleiterin Basale Stimulation®, Lehrbeauftragte Berner Fachhochschule, Dozentin medi, Aktivierung HF

Autor

Jan Straub

Dr. phil., Master of Medical Education (MME), Universität Bern, Pflegefachmann HF, Lehrbeauftragter Berner Fachhochschule

Literatur

Bartoszek, Gabriele & Nydahl, Peter (Hrsg.): Basale Stimulation – neue Wege in der Pflege Schwerstkranker. Urban & Fischer, München, 2007.

Becker, Stefanie, Kaspar, Roman & Kruse, Andreas: Heidelberger Instrument zur Erfassung der Lebensqualität Demenzkranker. Huber, Bern, 2010.

Blakeslee, Sandra & Blakeslee, Matthiew: Der Geist im Körper, das Ich und sein Raum. Springer, Heidelberg, 2009.

Biedermann, Markus: Essen als Basale Stimulation. Vincentz, Hannover, 2011.

Bienstein, Christel & Fröhlich, Andreas D.: Basale Stimulation in der Pflege: die Grundlagen. Huber, Bern, 2010.

Buchholz, Thomas & Schürenberg, Ansgar: Lebensbegleitung alter Menschen. 3. erw. Aufl., Huber, Bern, 2008.

Büker, Ursula: Fühlen, Nesteln, Schlagen. In: Rundbrief Basale Stimulation, Nr. 17, 2010, S. 25–30.

Dilitz, Rita & Müller, Mirjam: Aktivierung, Aktivierungstherapie, Aktivierende Alltagsgestaltung – Grundlagen, Entwicklungen und Begriffsklärungen. In: Zentrum für medizinische Bildung Bern, Bildungsgang Aktivierung HF (Hrsg.): Entstehung und Grundlagen der Aktivierungstherapie. hep verlag, Bern, 2011, S. 23–49.

Fröhlich, Andreas D.: Basale Stimulation in der Pflege: das Arbeitsbuch. Huber, Bern, 2010.

Fröhlich, Andreas D.: Das Konzept Basale Stimulation in der Pflege. In: Döttlinger, Beatrix, Meyer, Edith & Wust, Elisabeth: Achtsamkeit, Fachbereich Kinderkrankenpflege. Pro Business GmbH, Berlin, 2009, S. 29–31.

Fröhlich, Andreas D.: Basale Stimulation: das Konzept. 2. Auflage, Selbstbestimmtes Leben, Düsseldorf, 1998.

Hannich, Hans-Joachim: Übertragung und Gegenübertragung in der Basalen Stimulation – eine Beziehungsanalyse. In: Bartoszek, Gabriele & Nydahl, Peter (Hrsg.): Basale Stimulation – neue Wege in der Pflege Schwerstkranker. Urban & Fischer, München, 2007, S. 35–42.

Hefti Kraus, Christine: Die therapeutische Beziehung als Kernelement der Aktivierungstherapie. In: Zentrum für medizinische Bildung Bern, Bildungsgang Aktivierung HF (Hrsg.): Entstehung und Grundlagen der Aktivierungstherapie. hep verlag, Bern, 2011, S. 53–60.

Helmbold, Anke: Berührung in der Pflegesituation. Huber, Bern, 2007.

Jecklin, Erica: Arbeitsbuch Anatomie und Physiologie. Urban & Fischer, München, 2008.

Inhester, Otto: Haltung bewahren – der aufrechte Gang als «Bewegungsübung». In: Schnell, Martin W. (Hrsg.): Leib, Körper, Maschine. Interdisziplinäre Studien über den bedürftigen Menschen. Selbstbestimmtes Leben, Düsseldorf, 2004, S. 157–187.

Mathys, Rosemarie & Straub, Jan: Spastizität. Pflegerische Interventionen aus der Sicht der Basalen Stimulation® und der Ortho-Bionomy®. Huber, Bern, 2011.

Mathys, Rosemarie: Essbiografie – Basale Stimulation. Medi, Zentrum für medizinische Bildung, Bildungsgang Aktivierung, Kursskriptum, Bern, 2010.

Pickenhain, Lothar: Basale Stimulation, neurowissenschaftliche Grundlagen. Selbstbestimmtes Leben, Düsseldorf, 1998.

Rizzolatti, Giacomo & Sinigaglia, Corrado: Empathie und Spiegelneurone. Die biologische Basis des Mitgefühls. Suhrkamp, Frankfurt am Main, 2008.

Routasalo, Pirrko: The Right to Touch and be Touched. In: Nursing Ethics, Vol. 3, Nr. 2, 1996, S. 165–176.

Schmitt, Regula: Die Bedeutung der Aktivierungstherapie im interdisziplinären Team. In: Zentrum für medizinische Bildung Bern, Bildungsgang Aktivierung HF (Hrsg.): Entstehung und Grundlagen der Aktivierungstherapie. hep verlag, Bern, 2011, S. 61–69.

Schnell, Martin W. (Hrsg.): Leib, Körper, Maschine. Interdisziplinäre Studien über den bedürftigen Menschen. Selbstbestimmtes Leben, Düsseldorf, 2004.

Schürenberg, Ansgar: Basales Berühren. In: Schnell, Martin W.: Leib, Körper, Maschine. Interdisziplinäre Studien über den bedürftigen Menschen. Selbstbestimmtes Leben, Düsseldorf, 2004, S. 71–104.

Waldenfels, Bernhard: Bruchlinien der Erfahrungen. Phänomenologie, Psychoanalyse, Phänomentechnik. Suhrkamp, Frankfurt am Main, 2002.

Weiss, Halko & Harrer, Michael E.: Achtsamkeit in der Psychotherapie. Veränderung durch «Nicht-Verändern-Wollen» – ein Paradigmenwechsel? In: Psychotherapeutenjournal, 2010, Heft 1, S. 14–22.

Zaboura, Nadia: Das empathische Gehirn. Spiegelneurone als Grundlage menschlicher Kommunikation. Verlag für Sozialwissenschaften, Wiesbaden, 2008.

hep der bildungsverlag
www.hep-verlag.ch

Zentrum für medizinische Bildung Bern,
Bildungsgang Aktivierung HF (Hrsg.)

Entstehung und Grundlagen der Aktivierungstherapie

Aktivierungstherapie, Band 1

Aktivierungstherapie ist eine verhältnismässig junge Disziplin. Dementsprechend ist ihre fachliche Entwicklung sehr dynamisch. Der erste Band der neuen Themenheftreihe «Aktivierungstherapie» des medi, Bildungsgang Aktivierung HF, fasst den Diskussionsstand über die Entstehung und die Grundlagen des Berufsfeldes zusammen. Mehrere Autorinnen beleuchten verschiedene Aspekte und Grundfragen der Aktivierungstherapie:

– die Geschichte der Aktivierungstherapie in der Schweiz,
– Aktivierung, Aktivierungstherapie, aktivierende Alltagsgestaltung – Grundlagen, Entwicklungen, Begriffsklärungen,
– die therapeutische Beziehung als Kernelement der Aktivierungstherapie,
– die Bedeutung der Aktivierungstherapie im interdisziplinären Team.

hep der bildungsverlag
www.hep-verlag.ch

Berner Bildungszentrum Pflege (Hrsg.)
Beate Senn, Bettina Gaertner,
Gerda Haldemann, Theres Walther Nufer

Leitfaden für eine evidenzbasierte Unterrichtspraxis

Wie soll gewährleistet werden, dass vermitteltes Wissen, Fähigkeiten und Fertigkeiten nicht schon beim Eintritt ins Berufsleben veraltet sind? Das Berner Bildungszentrum für Pflege als grösste Ausbildungsstätte für Pflegefachpersonen auf Tertiärstufe in der deutschsprachigen Schweiz unterstützt die Entwicklung einer evidenzbasierten Unterrichtspraxis. Evidenz bezieht sich dabei sowohl auf eine evidente Lehre als auch auf die Vermittlung von Inhalten und Kompetenzen, die dem aktuellen Stand des Wissens entsprechen. Die Publikation richtet sich an Fachpersonen, die in der Berufsbildung mit einem raschen Wandel des Wissens konfrontiert sind.